Michael Squar

Ethnische Segregation in Hanau und Bad Homburg

Eine Untersuchung zur raumstrukturellen Entwicklung der Ausländersegregation in Wohngebieten am Beispiel des Rhein-Main-Verdichtungsraums

Rediroma-Verlag

Bibliografische Information der Deutschen Nationalbibliothek:
Die Deutsche Nationalbibliothek verzeichnet diese Publikation in der Deutschen Nationalbibliografie; detaillierte bibliografische Daten sind im Internet über http://portal.dnb.de abrufbar.

ISBN 978-3-98527-529-8

Umschlagillustration:

www.rediroma-verlag.de
10,95 Euro (D)

Inhaltsverzeichnis

1 EINLEITUNG

1.1 Untersuchungsziel, Fragestellung und Forschungsstand

Die Zielsetzung dieser Arbeit besteht darin, einen Beitrag zur raum-zeitlichen Strukturanalyse der ethnischen Segregation in Mittelstädten von Verdichtungsräumen zu leisten. Dieser Versuch wird an den Beispielen Hanaus und Bad Homburgs auf Meso- (statistische Bezirke) und Mikroebene (Hochhausstandorte) mit Zeitlängsschnittvergleichen seit 1975/76 bzw. 1984 unternommen. Es handelt sich mithin um Städte des Rhein-Main-Verdichtungsraumes, der durch die höchsten Ausländeranteile Deutschlands gekennzeichnet ist. Der Grund für die Auswahl der beiden Städte ist in ihren verschieden gearteten funktionalen Strukturen zu finden, die das Segregationsausmaß und seine Entwicklung beeinflussen.

Aufbauend auf dieser grundlegenden Fragestellung sollen folgende Einzelfragen beantwortet werden:

A. Ethnische Segregation in Wohn-, Misch-, und Kerngebieten:

1. Räumliche Verteilungsdynamik der Wohnbevölkerungsdichte;
2. räumliche Verteilungsdynamik der ausländischen Wohnbevölkerung;
3. Abhängigkeit des Ausländeranteils von der Bevölkerungsdichte;
4. physiognomische Betrachtung der Mesostandorte

mit Extremwerten der in 3. genannten Variablen.

B. Ethnische Segregation an Wohnhochhausstandorten:
1. Abhängigkeit des Ausländeranteils von der Standortstruktur;
2. räumliche Verteilung des Hochhausbewohneranteils an Nichthochhausbewohnern derselben Nationalität;
3. Räumliche Verteilung der Hochhausbewohner unter Berücksichtigung der ethnischen Struktur;
4. Abhängigkeit des Ausländeranteils von der Behausungsdichte;
5. Einfluss des sozialen und freien Wohnungsmarktes auf segregale Erscheinungsformen.

Räumliche Verteilungsmuster der urbanen Segregation ethnischer Minderheiten nehmen in der themenbezogenen Literatur eine zentrale Rolle ein. Der gegenwärtige Forschungsstand bezieht sich allerdings weniger auf Klein- und Mittelstädte als vielmehr auf Großstädte und Agglomerationen (Bürkner 1987, S. 3-5).

Seit den 1980er Jahren erfolgte tendenziell eine stetig steigende Berücksichtigung kleinerer Städte und Stadtviertel (Voss 1981 – Amberg, Schmidt 1982 – Pforzheim, Bürkner 1987 – Göttingen, Flade/Guder 1988 – diverse hessische Gemeinden, Kemper/Kasack 1988 – Bonn). Nach Ansicht von Bürkner (1987, S. 7-10) werden in den geografischen Arbeiten zu diesem Thema gesellschaftliche und ökonomische Konstitutionsfaktoren der räumlich-ethnischen Segregation nur unzureichend beleuchtet und die Priorität auf das individuelle Verhalten einer Minorität zur Erklärung raumrelevanter Konzentrationsprozesse gelegt. Der Forschungsschwerpunkt gehe oftmals nicht über Deskription und partielle Interpretation räumlicher Segregationsmuster hinaus.

In der einschlägigen Literatur zur Ausländersegregation sind tatsächlich zahlreiche deskriptive Elemente vorhanden, die zwar die Entwicklung der ausländischen Wohnbevölkerungsanteile, jedoch nicht die Entwicklung der räumlichen Segregation darstellen (Glebe 1984, S. 98). Bei Flade/Guder (1988) und Schmidt (1982) werden lediglich ethnische Konzentrationsschwerpunkte herausgestellt. Das Aufzeigen der Segregationsentwicklung anhand verschiedener quantitativer Merkmale, auf die im Einzelnen noch einzugehen ist, stellt nach Auffassung des Verfassers dieser Untersuchung eine unabdingbare Grundlage für die Erklärung segregaler Raumphänomene dar. Dies bietet die Möglichkeit, voneinander unabhängige Segregationsergebnisse vergleichend gegenüberzustellen und damit den Einfluss gesellschaftlich-ökonomischer Faktoren zu erklären.

Aussagen zur Entwicklung von Segregationsindizes sind in der Arbeit von Arend (1984, S. 32) beinhaltet. Er ermittelte auf der Grundlage von 34 Stadtquartieren Zürichs die Segregationsindizes verschiedener Nationalitäten zu zwei Zeitpunkten und untersuchte anhand eines korrelationsanalytischen Segregationsmodells die Zugänglichkeit von Wohnungen für Ausländer. Arend kommt zu dem Ergebnis, dass Ausländer durchschnittlich nicht billiger wohnen als die einheimische Bevölkerung (ebenda, S. 34).

Zu ähnlichen Schlussfolgerungen kommen Ipsen, Glasauer und Heinzel (1980, S. 1-6, 152-164, 212 ff.) in ihrer Untersuchung zum Wirtschaftsverhalten privater Mietshausbesitzer am Beispiel der Stadt Mannheim. Auch diese Autoren gehen von dem einfachen Gedankenmodell der „Filtering-Theorie" ab, die besagt, dass gutverdienende Bevölkerungsschichten die am besten ausgestatteten Wohnungen mieten und finanziell schwächer gestellte Personen in den verbleibenden Wohnungsbestand nachrücken. Sie stellen vielmehr fest, dass zum einen die Mietpreisvarianz innerhalb einer bestimmten Wohnungsqualitätsstufe außerordentlich groß ist und zum anderen verschiedene Qualitätsmerkmale (Lage, Wohnumfeld, Beschaffenheit der Bausubstanz) bei der Miethöhenbemessung oftmals nur unzureichend berücksichtigt werden. Hierbei spiele insbesondere die nicht ausschließlich erwerbswirtschaftlich orientierte Verhaltensweise der Vermieter eine große Rolle, die durch unterschiedlich ausgeprägte subjektive Wahrnehmungen (Sympathie und Antipathie, (un-)soziales Denken und Handeln) zu erklären ist und das simple Denkmodell der „Filtering-Theorie" durch wesentlich komplexere Strukturen substituiert. Diese Ergebnisse sind wichtige Voraussetzungen für die vorliegende Arbeit, da die räumliche Verteilung der Ausländer den Eindruck erwecken könnte, als sei diese nur auf den augenscheinlichen Faktor der Einkommensverhältnisse zurückzuführen.

Die grundlegende Fragestellung nach der Dynamik des ethnischen Segregationsausmaßes in ökonomisch verschieden strukturierten Mittelstädten stellt vor dem Hintergrund des komplexen Ursachengeflechts der Ausländersegregation eine Weiterführung der bisher gewonnenen Erkenntnisse dar, zumal in der Literatur fast durchgängig von einem Anstieg des städtischen Segregationsausmaßes die Rede ist. Oftmals fehlen jedoch Konkretisierungen mittels ausreichender quantitativer Merkmale (Keßler/Ross 1991, S. 438; Hausmann 1991, S. 443-444). Wesentlich ausgefeilter sind hingegen die Arbeiten von Arend (1984) und Schnur (1983), wobei letzterer für die Stadt Bremen einen Rückgang der Segregation innerhalb der ersten Hälfte der 1980er Jahre feststellt.

Ein weiterer Ansatzpunkt der Untersuchung sind die von zahlreichen Autoren erwähnten Ausländerkonzentrationen an Altbaustandorten und in peripheren Neubauvierteln (Blanc 1991, S. 447 u. 450-453; Kemper/Kosack 1988, S. 37-38; Glebe 1984, S. 95). Zu diesem Punkt soll am Beispiel der Wohnhochhausstandorte nachgewiesen werden, ob und welche Veränderungen eingetreten sind.

Weiterhin erfolgen raumzeitliche Analysen der in verschiedenen Arbeiten angesprochenen segregalen ethnospezifischen Differenzierung, in denen fast ausnahmslos die Sonderstellung der Türken hervorgehoben wird. Verwiesen sei hierbei insbesondere auf Böltken (1991, S. 484 ff.; Korte (1984, S. 15-20) und Flade/Guder (1988, S. 19). Diese „Sonderstellung" innerhalb der gesamten ausländischen Bevölkerung, von zahlenmäßig geringen Ausnahmen wie den Marokkanern abgesehen, resultiert in erster Linie aus religiösen Gegebenheiten, die trotz laizistischer Ausrichtung der türkischen Politik in weiten Bevölkerungskreisen fest verankert sind. Eine weitere Rolle spielen zweifellos die auch noch heute bestehenden strukturschwachen sozioökonomischen Verhältnisse in der Türkei mit einem im Vergleich zu Gesamteuropa extrem hohen Analphabetenanteil. Die Unterscheidung zwischen Türken und anderen Ausländern ist bei der Erforschung der Segregationsentwicklung nicht zuletzt auch wegen der hohen Fertilitätsziffern türkischer Familien unerlässlich (vgl. Stat. Jahrbuch 1989 für die Bundesrepublik Deutschland, S. 63).

Das Problem der Ausländersegregation auf dem sozialen und freien Wohnungsmarkt findet bei der Betrachtung der Wohnhochhausstandorte Berücksichtigung. Nach Blanc (1991, S.453) werden Sozialwohnungen den Ausländern vorenthalten und bevorzugt an Deutsche vergeben. Diese Auffassung bedarf einer Überprüfung, da in solchen Wohngebieten eine sukzessive ethnische Durchmischung stattgefunden hat, die ganz offensichtlich auch weiterhin anhält. Je nach Gesellschaftssystem und politischem Willen variieren latente gesellschaftliche und staatliche Wohnungsmarktmechanismen. In einem multikulturell sehr ausgeprägten Staat wie Singapur nehmen solche politisch gewollten Mechanismen, die zwecks Spannungsvermeidung auf eine möglichst ausgeglichene räumliche Verteilung der verschiedenen Ethnien abzielen, weitaus größere Formen an als in Deutschland (van Grunsven 1991).

1.2 Untersuchungsgang

1.2.1 Theoretische und methodische Vorgehensweise

Innerhalb des Theoriengebäudes der Geografie finden sich, entsprechend der jeweiligen Teildisziplinen der allgemeinen Geografie, verschiedene wissenschaftstheoretische Ansätze. Hinsichtlich der Sozialgeografie besteht nach Ansicht von Bürkner (1987, S. 8) ein Theoriedefizit, welches durch Konzepte der Sozialwissenschaften ersetzt bzw. kompensiert wird. Brunner (1978, S. 58) spricht von einer Orientierung der Geografie an den wissenschaftstheoretischen Rahmen der Nachbardisziplinen und substituiert somit das angesprochene Theoriedefizit der Sozialgeografie durch den theoretischen Ansatz der Sozialwissenschaften. Eine recht konkrete Definition formuliert Schaffer (1968, S, 16), der die Sozialgeografie als „Wissenschaft von den räumlichen Organisationsformen und raumbildenden Prozessen der Daseinsgrundfunktionen menschlicher Gruppen und Gesellschaften" bezeichnet. Die Daseinsgrundfunktionen stehen in enger Wechselbeziehung zueinander und bilden verschiedene räumlich-komplexe Strukturmuster (Ruppert/Schaffer 1973, S. 1-2). Aus der genannten Definition von Schaffer wird deutlich, dass sich die Sozialgeografie durch den ausgesprochen räumlichen Aspekt von den durch das Beziehungsgefüge von Gruppen oder Einzelpersonen geprägten Sozialwissenschaften abhebt, da räumliche Prozesse infolge sozialer Prozesse ausgelöst werden und Menschen kaum voneinander isoliert agieren, sondern in einen Sozialzusammenhang eingebunden sind (Schaffer 1968, S. 35). Der sozialgeografische

Ansatz befasst sich folglich mit der räumlichen Verteilung menschlicher Gruppen und Individuen sowie mit deren Organisation und Verhalten im Raum. Ergänzend hierzu steht der chorologische Ansatz, der durch Standortanalysen soziale Raummuster differenziert und erklärt.

Die Beantwortung der eingangs gestellten Fragen erfolgt auf induktivem Wege mittels empirisch-analytischer Vorgehensweise. Hierzu dienen folgende Hypothesen:

1) In städtischen Teilräumen mit hoher Bevölkerungsdichte steigen die Ausländeranteile an;
2) Die Wachstumsdynamik der ethnischen Segregation ist abhängig von der ethnischen Struktur einer Stadt;
3) ethnische und intraethnische Segregation sind an Wohnhochhausstandorte mit deren unterschiedlicher Physiognomie (Gebäudealter und -höhe) gekoppelt;
4) ethnische Segregation an Standorten des privaten Wohnungsmarktes ist stärker ausgeprägt als an Standorten von Sozialwohnungen; hierbei spielen unterschiedliche Verteilungsmechanismen eine zentrale Rolle.

Als methodische Grundlage fungiert primär der systemanalytische Ansatz, der allerdings im Verbund mit dem systemtheoretischen (ganzheitlichen) Ansatz angewendet werden soll. Die Kombination bei der Betrachtungsweise ist insbesondere bei der Ursachenforschung zur Segregation unerlässlich. Beide Methoden schließen sich nicht aus und tragen einander ergänzend zur Verdeutlichung der zu untersuchenden Sachverhalte bei (Hantsche l 1985, S. 10, 15). Das diese Untersuchung betreffende Thema Segregation kann somit nicht ausschließlich mit quantitativen Merkmalen belegt werden, sondern bedarf zusätzlicher Berücksichtigung qualitativer Faktoren wie subjektiver Denkweisen und Wertvorstellungen, die kaum quantifizierbar sind. An dieser Stelle sei auf die Problematik der Erhebungstechniken bei Befragungen speziell von Ausländern hingewiesen, die je nach Anwendungsart zu verzerrten Ergebnissen führen können (Böltken 1991, S. 482).

Von einem Gesamtsystem sind verschiedene Subsysteme mit Systemelementen, zwischen denen Wechselbeziehungen bestehen, ableitbar. Übertragen auf unseren Untersuchungsgegenstand wird das Gesamtsystem durch die beiden Kreisstädte Hanau und Bad Homburg, die Subsysteme durch statistische Bezirke und die Systemelemente durch Wohnhochhausstandorte und ethnische differenzierte Bevölkerungsgruppen repräsentiert.

1.2.2 Verfahrensweise

Das Verfahren zur Problemlösung bezieht sich auf das Literaturstudium und empirische Forschungsarbeit mit Primär- und Sekundärerhebungen sowie in Form teilnehmender Beobachtung. Die Primäruntersuchungen setzen sieh wie folgt zusammen:

1) Eigene Erhebungen zum Standort, Baujahr und zur Physiognomie der Wohnhochhäuser,
2) telefonische Befragungen von Vermietern zur Ab-

grenzung des sozialen und privaten Wohnungsbestandes,

3) Unterredungen mit Behördenvertretern städtischer Kommunalverwaltungen (Stadtplanungsämter Hanau und Bad Homburg).

Zu Sekundärerhebungen dienten amtliche Bevölkerungsstatistiken der städtischen statistischen Ämter, welche allerdings insbesondere im Falle Bad Homburgs nur sehr unvollständig in der gewünschten Form erhältlich waren. Das fehlende Datenmaterial konnte durch eigene Erhebungen mit Hilfe entsprechender Einwohner- bzw. Adressbücher ermittelt werden. Im Falle Bad Homburgs bedurfte es darüber hinaus infolge mangelnder sekundärer Daten mehrerer Erhebungen zur Ermittlung der Ausländerstruktur in den jeweiligen statistischen Bezirken. Da die erwähnten Adressbücher lediglich erwachsene Personen beinhalten, wurden die tatsächlichen Bewohnerzahlen anhand der unterschiedlichen Fertilitätsziffern hochgerechnet.

Das Maß der Bevölkerungsdichte bezieht sieh auf die ansässige Wohnbevölkerung in den statistischen Bezirken. Bei der Flächenermittlung dieser Bezirke wurden nur Wohn-, Misch- und Kerngebiete berücksichtigt, Industrie-, Gewerbe- und Brachflächen sowie Wald- und Wiesenareale hingegen ausgeschlossen. Somit konnte ein reeller Vergleichsbezug zur tatsächlichen Wohnbebauung städtischer Teilräume als grundlegende Voraussetzung für die Darstellung ethnischer Segregationsprozesse hergestellt werden.
Zur Segregationsmessung fanden folgende Indikatoren Anwendung:

a) Dissimilaritäts- und Segregationsindizes zur Ermittlung des kleinräumigen Segregationsausmaßes,
b) Regressions- und korrelationsanalytische Berechnungen zum Zusammenhang zwischen Bevölkerungs- bzw. Behausungsdichte und den jeweiligen Ausländeranteilen.

Zu a): Zwischen dem Dissimilaritäts- und Segregationsindex wird wie folgt unterschieden:
Der Dissimilaritätsindex bringt das raumzeitliche Ungleichgewicht der Bevölkerungs- bzw. Behausungsdichteverteilung zum Ausdruck.
Der Segregationsindex charakterisiert das raumzeitliche Ungleichgewicht einer Bevölkerungsgruppe zur gesamten Restbevölkerung.
Beide Indizes erreichen Werte von minimal 0 (vollständig ausgeglichene Verteilung) und maximal 100 (absolute räumliche Trennung der entsprechenden Ethnien bzw. völlige Disparität der Dichtewerte). Ihre Aussagekraft ist, bezogen auf die Vergleichbarkeit zweier unterschiedlicher Gesamträume, auf Zeitlängsschnittvergleiche beschränkt; direkte Zeitquerschnittsvergleiche (zeitgleiche Zustandsanalysen) sind jedoch aufgrund der abweichenden Teilraumanzahl nur bedingt möglich.
Als Berechnungsgrundlage dient die Gleichung von Duncan (1957, S. 27 ff. - vgl. Kuls 1993, S. 42):

$$D[S] = \frac{1}{2}\sum_{i=1}^{n} \mid \frac{100_i}{a_g} - \frac{100\, b_i}{b_g} \mid$$

für D (Dissimilaritätsindex):

a_i = Fläche des i-ten Teilraumes bzw. Hochhausanzahl im i-ten Teilraum,
b_i = Gesamt- bzw. Hochhausbevölkerung im i-ten Teilraum,
a_g = Fläche des Gesamtraumes bzw. Hochhausanzahl im Gesamtraum,
b_g = Gesamt- bzw. Hochhausbevölkerung im Gesamtraum;

für S (Segregationsindex):

a_i = Anzahl Bevölkerungsgruppe a im i-ten Teilraum,
b_i = Anzahl Bevölkerungsgruppe b im i-ten Teilraum,
a_g = Anzahl Bevölkerungsgruppe a im Gesamtraum,
b_g = Anzahl Bevölkerungsgruppe b im Gesamt raum.

Mathematisch gesehen stellen die so ermittelten Werte den Prozentsatz der im Gesamtraum ungleich verteilten Einheiten dar.

Zu b): Die Überprüfung der Hypothese des Zusammenhangs zwischen Bevölkerungsdichte und Ausländeranteilen wurde mit Hilfe von Regressions- und Korrelationsanalysen vorgenommen. Mit deren Koeffizientenberechnung konnten Erkenntnisse zur ethnischen Differenzierung des Korrelationsausmaßes in Form entsprechender Regressionsgeraden gewonnen werden. Während der Korrelationskoeffizient die Intensität des Zusammenhangs der Variablen Bevölkerungsdichte (bereinigt nach tatsächlichen Wohngebieten - vgl. oben) und Ausländeranteile angibt, legt der Regressionskoeffizient die Art und Weise dieses Zusammenhangs fest. Er ist gleichzusetzen mit dem Steigungsmaß der jeweiligen Regressionsgeraden. Je weiter der Wert von 0 abweicht, desto schneller steigt (positiver Bereich) bzw. fällt (negativer Bereich) der Ausländeranteil in Abhängigkeit von der Bevölkerungsdichte. Beim Korrelationskoeffizienten liegt der Wertebereich zwischen -1 und +1. Die Abweichung gegenüber 0 vermittelt hierbei die Stärke des Zusammenhangs beider Variablen in der Form, dass Werte, die gegen +1 streben, gleichsinnige, solche, die gegen -1 streben, gegensinnige Beziehungen darstellen (Bahrenberg, Giese, Nippen 1990, S. 142 ff.). über das Quadrat des Korrelationskoeffizienten ist der prozentuale Anteil der exakt im Trend liegenden Parameter ermittelbar.

Die Ergebnisse der Berechnungen zu a) wurden mit kartografischen Darstellungen der (bereinigten) Bevölkerungsdichte- und Ausländerverteilung anhand statistischer Bezirke sowie der Wohnhochhausstandorte vervollständigt, jene zu b) mittels der angesprochenen Regressionsgeraden grafisch verdeutlicht. Diese Vorgehensweise erleichterte wichtige raumzeitliche Vergleiche, sofern das hierzu notwendige Datenmaterial zur Verfügung stand.

1.3 Segregationsbegriff

Bei der Definition des Segregationsbegriffs treffen in der Fachliteratur unterschiedliche Meinungen aufeinander. Nach Voss (1981, S. 91) bedeutet Segregation „die Konzentration einer Bevölkerungsgruppe eines relativ homogenen Sozialstatus in einem Stadtgebiet, das gekennzeichnet ist durch räumliche Grenzen, durch schlechte Wohnqualität und infrastrukturelle Unterversorgung". Diese Begriffsbestimmung der sozialen Segregation ist nicht unproblematisch, da Segregation zum einen mit Konzentration praktisch gleichgesetzt und zum anderen lediglich ein Zustand definiert wird. Zwischen Segregation und Konzentration besteht vielmehr ein grundlegender Unterschied: Während jene als Prozess der Trennung und ungleichen Verteilung zweier Bevölkerungsgruppen innerhalb eines Gesamtraumes anzusehen ist, bezeichnet diese ganz einfach den Anteil einer Bevölkerungsgruppe an der Gesamtbevölkerung innerhalb einer Raumeinheit (Godard, Pendaries 1984, S. 317; Arend 1984, S. 31). Wichtig dabei ist die Betonung der raumzeitlichen Prozesse, die den Zustand der Segregation überhaupt erst ermöglichen und darüber hinaus tendenzielle Veränderungen aufzeigen. Genau dieser Aspekt ist aber nicht in allen Definitionen zur Segregation enthalten. Bezeichnungen wie „Ausländerkonzentration" oder „Marginalisierung von Ausländern" (Hausmann 1991, Bendit 1991) werden dem Verständnis vom Segregationsbegriff nur unzureichend gerecht. Schnur (1984, S. 134) kommt dem oben angesprochenen prozesshaften Element sehr nahe, indem er von einer Entwicklung zur ungleichen Verteilung von Bevölkerungsgruppen über das Stadtgebiet spricht, deren Ausmaß als Segregation bezeichnet wird. Wenn nun das raumzeitliche Element als wesentliches Merkmal der Segregation anzusehen ist, so stellt sich die Frage nach einer gegenteiligen Begriffsbestimmung. In der bisher erwähnten Literatur geschieht dies unter Verwendung des Begriffs Integration, der bei näherer Betrachtung allerdings nicht ohne weiteres als Segregationsantipode gelten kann. Es muss zwischen gesellschaftlicher und räumlicher Integration unterschieden werden, wobei nur letztere das Gegenstück zur Segregation darstellt (vgl. Abb. 1). Eine staatlich gesteuerte, ausgewogene Raumverteilung verschiedener Ethnien bedingt keine mittelbare soziokulturelle Integration (van Grunsven 1991, s. 212-213).

Abb. 1: Segregation im Verhältnis zur erzwungenen und freiwilligen räumlichen Integration

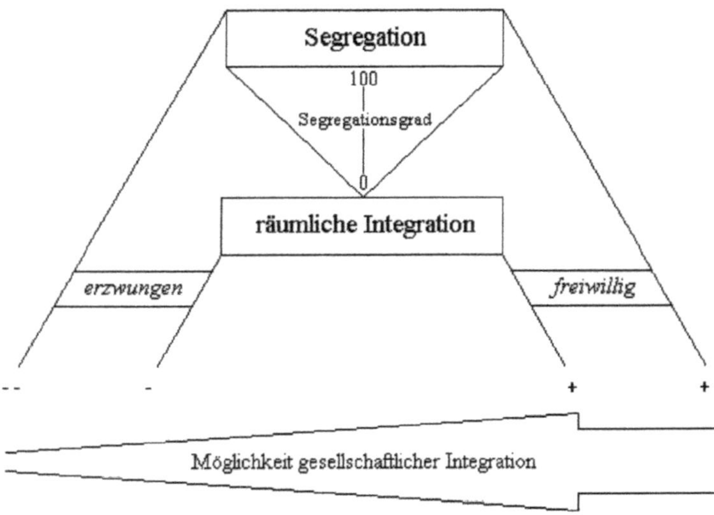

Entwurf: M. Squar 1995

Erzwungene Segregation, die durch Diskriminierung und Ausgrenzung von Minderheiten gekennzeichnet ist, bietet im Gegensatz zur freiwilligen Segregation (bewusste Absonderung einer Ethnie mit ihren spezifischen kulturellen Gegebenheiten) äußerst geringe Möglichkeiten zur gesellschaftlichen Integration (- -). Bei der erzwungenen räumlichen Integration infolge staatlicher Steuerungsmechanismen bleiben gesellschaftliche Integrationsmöglichkeiten aufgrund soziokultureller Eigenheiten noch beschränkt (-), während freiwillige räumliche Integration (Bereitschaft von Minderheiten zur räumlichen Streuung bei gleichzeitiger Streuungsakzeptanz seitens der Majorität) diese Integrationstendenz eher begünstigt (+).

1.4 Ausländerverteilung in rhein-mainischen Mittelstädten

Die Städte Hanau und Bad Homburg sind im polyzentrischen Verdichtungsraum Rhein-Main lokalisiert, der seine wirtschaftliche Bedeutung in erster Linie der zentralen und naturräumlichen Lagegunst in Mitteleuropa verdankt. Nach 1955 setzte aufgrund des Arbeitskräftemangels in Deutschland das Anwerben ausländischer Arbeitnehmer ein. Hierbei handelte es sich zunächst um Italiener, gefolgt von Griechen und Spaniern. Seit Mitte der 1960er Jahre wurden in verstärktem Umfang Türken angeworben. Erst Ende 1960 kamen ehemalige Jugoslawen hinzu, die heute bundesweit nach den Türken die zweitstärkste ausländische Arbeitnehmer- und Bevölkerungsgruppe bilden.

Die meisten Mittelstädte des Rhein-Main-Gebietes weisen im Vergleich zu denen im übrigen Bundesgebiet (alte Bundesländer) außerordentlich hohe Ausländeranteile auf (vgl. Diagramme 1 und 2). Neben den oben genannten Faktoren spielen hierbei die Einwohnerzahl und Wirtschaftsstruktur der Kommunen eine wichtige Rolle. Diagramm 1 ist zu entnehmen, dass der Anteil der Beschäftigten im verarbeitenden Gewerbe und Baugewerbe mit sinkender Einwohnerzahl wächst, der Ausländeranteil hingegen abnimmt. In größeren Städten wie Frankfurt am Main leben also trotz des dominanten tertiären Wirtschaftssektors verhältnismäßig mehr Ausländer als in kleineren Kreisstädten mit relativ hohem industriellen Beschäftigungsgrad. Dies mag zum einen in der mangelnden Aufnahmebereitschaft alteingesessener Bevölkerungsschichten in überschaubareren Gemeindegrößen liegen, zum anderen tragen die anonymeren Lebensverhältnisse in einer Großstadt und die Attraktivität der großstädtischen Infrastruktureinrichtungen zum dortigen hohen Ausländeranteil bei. Kommunen unter 100.000 Einwohnern unterliegen hinsichtlich der genannten Gegebenheiten differenzierteren Verhältnissen.

Diagramm 1: Anteil der Beschäftigten im verarbeitenden Gewerbe im Vergleich zum Ausländeranteil an der Gesamtbevölkerung in Städten verschiedener Gemeindegrößenklassen (alte Bundesländer 1993)

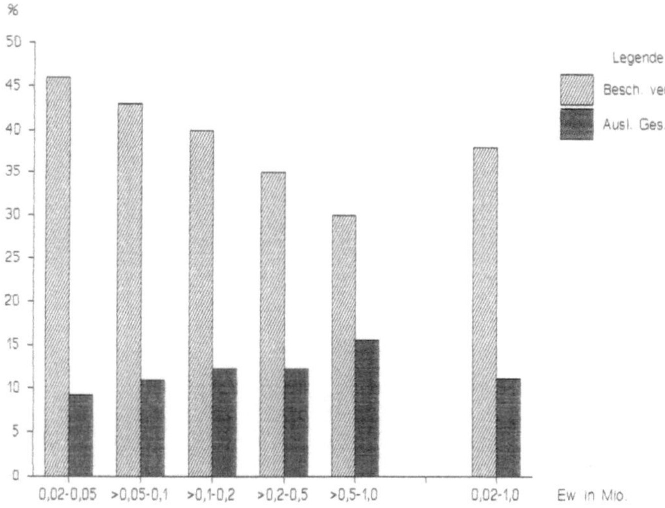

Quelle: Eigene Berechnungen nach:Statistisches Jahrbuch Deutscher Gemeinden, 81, Jg. 1994, S. 26 u. 305

Tendenziell kann festgestellt werden, dass im Gegensatz zu Diagramm 1 die Ausländeranteile der Mittelstädte mit der Zunahme der Beschäftigtenanteile im verarbeitenden Gewerbe ebenfalls ansteigen (vgl. Diagramm 2). Die gegenläufigen Tendenzen Hofheims und Bad Homburgs sowie die mangelnde Linearität sind auf völlig unterschiedliche industrielle Strukturen (Beispiel Rüsselsheim mit monostrukturierter Automobilindustrie) zurückzuführen. Unter Berücksichtigung des geringen Anteils der Industriebeschäftigten weist Bad Homburg gegenüber Hanau einen relativ hohen Ausländeranteil auf. Diese Unverhältnismäßigkeit erklärt sich aus der Tatsache, dass in bei den Städten völlig anders geartete ethnische Strukturen zu erkennen sind.

Diagramm 2: Anteil der Beschäftigten im verarbeitenden Gewerbe im Vergleich zum Ausländeranteil an der Gesamtbevölkerung in den vier Kreisstädten des inneren Rhein-Main-Gebietes und der Stadt Rüsselsheim 1993

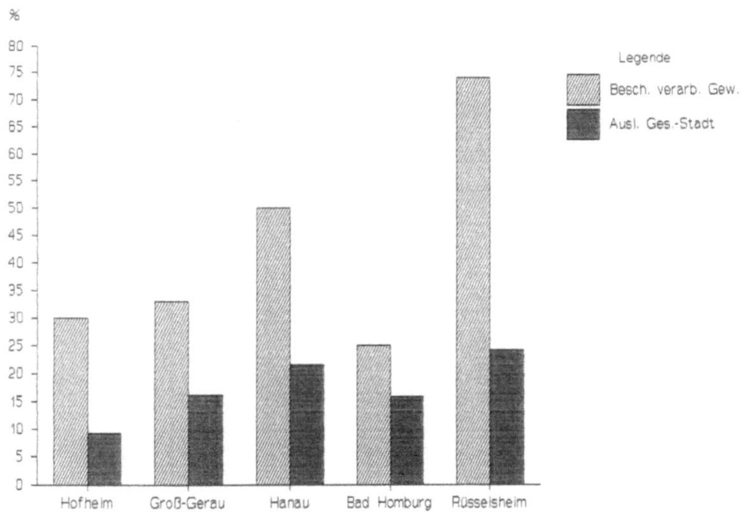

Quelle: Eigene Berechnungen nach: Statistisches Jahrbuch Deutscher Gemeinden, 81. Jg, 1994, S.26 ff., S. 306-319

Während auf die industriell geprägte Stadt Hanau nur 30,1% andere Nationalitäten als die Hauptgruppen Türken, ehemalige Jugoslawen und Italiener entfallen, beläuft sich der entsprechende Prozentsatz für Bad Homburg auf immerhin 54% (vgl. Diagramm 3). In dieser Restbevölkerung sind zu einem erheblichen Anteil (42%) Ethnien aus Westeuropa und den skandinavischen Ländern sowie aus Nordamerika und Japan enthalten, die größtenteils zu den sozioökonomisch besser gestellten Ausländern gehören und höherwertige Wohnstandorte bevorzugen.

Diagramm 3: Struktur der Ausländeranteile in Hanau und Bad Homburg 1994

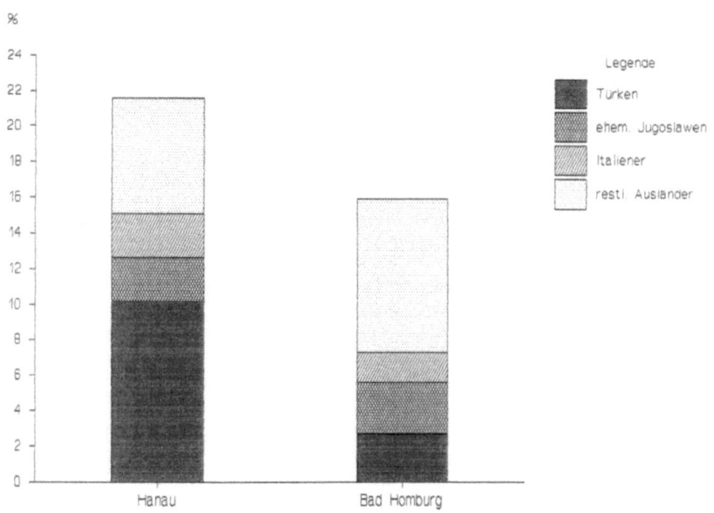

Quelle: Eigene Berechnungen nach: Nationalitätenstatistiken der Einwohnermeldeämter Hanau und Bad Homburg 1994

In dem aus den beiden Mittelstädten bestehenden Untersuchungsraum kommen somit bereits auf Makroebene ethnische Segregationserscheinungen zum Vorschein, die auf die oben angedeuteten (wirtschaftlichen) Strukturunterschiede Hanaus und Bad Homburgs zurückzuführen sind.

An dieser Stelle sei angemerkt, dass Mitte der 1970er Jahre der Ausländeranteil Bad Homburgs bei 13%, der von Hanau aber nur unwesentlich höher (15%) lag und in beiden Fällen etwa die gleiche ethnische Gewichtung wie 1994 gegeben war. Der starke prozentuale Anstieg in Hanau ist in erster Linie auf den großen türkischen Bevölkerungsanteil mit seinen im Vergleich zu den anderen Ausländergruppen hohen Fertilitätsziffern zurückzuführen (vgl. Punkt 1.1 – Sonderstellung der Türken). Die Sogwirkung auf auswärtige Landsleute spielt in diesem Zusammenhang eine ebenso große Rolle.

2. ENTWICKLUNG DER ETHNISCHEN SEGREGATION IN HANAU UND BAD HOMBURG AUF MESOEBENE (STATISTISCHE BEZIRKE)

Nachdem wir festgestellt haben, dass ethnische Segregationsmuster bereits ihre großräumige Abbildung finden, soll nun im weiteren geklärt werden, welche Verteilungsmuster in den einzelnen Wohngebieten beider Städte vorzufinden sind. Als Bezugsebene dienen hierbei statistische Bezirke, die auf die reine Fläche der Wohngebiete reduziert wurden (vgl. Punkt 1.2.2).

Die auf diesem Wege ermittelten Bevölkerungsdichtewerte ergeben für Hanau eine Dichte von 68 Ew/ha (ohne Reduzierung 13 Ew/ha), für Bad Homburg von 67 Ew/ha (10,5 Ew/ha – eigene Berechnungen nach Flächennutzungsplänen und topografischen Karten M = 1:25000, Einwohnerzahlen ohne die generell nicht berücksichtigten Stadtteilexklaven Hanau – Mittelbuchen und Bad Homburg – Ober-Erlenbach, welche im Wesentlichen agrarisch strukturiert sind).

2.1 Segregationsausmaß

2.1.1 Raumzeitliche Veränderungen der kleinräumigen Wohnbevölkerungsdichte

Der Vergleich der bereinigten Bevölkerungsdichtwerte beider Gesamtstädte weist fast keinen Unterschied auf. Auf Ebene der statistischen Bezirke hat sich in Hanau am Ungleichgewicht der kleinräumigen Dichteverteilung zwischen 1975 und 1994 mit Dissimilaritätsindizes von 20 bzw. 21 kaum etwas geändert. Veränderungen ergaben sich aber hinsichtlich einer Vielzahl von Raumeinheiten (vgl. Abb. 2 und 2a). Die Maximalwerte im peripheren östlichen Innenstadtbereich entschärften sich ebenso leicht wie jene im innerstädtischen Kern, dessen Werte ansonsten unverändert blieben. In der Weststadt und in Groß-Auheim hingegen erhöhte sich die Bevölkerungsdichte an den ausgeprägten Wohnhochhausstandorten, während sie in den übrigen Gebieten mit geringem oder keinem Hochhausbestand fiel (vgl. Abb. 10). In den anderen Hochhausschwerpunkten blieb die Bevölkerungsdichte mit Ausnahme des östlich gelegenen Stadtteils Wolfgang (geringfügige Abnahme) im Wesentlichen konstant.

Abb. 2:

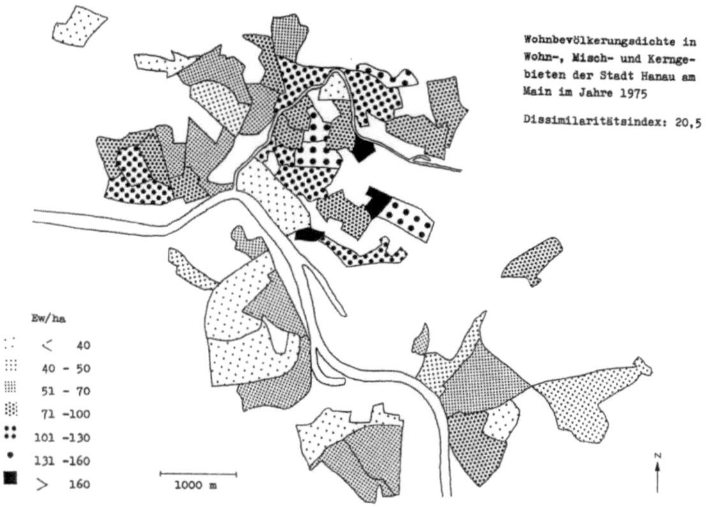

Quelle: Eigene Berechnungen nach: Nationalitätenstatistik des Einwohnermeldeamtes Hanau 1975; topografische Karte M= 1:25000; amtlicher Stadtplan Hanau mit Abgrenzung statistischer Bezirke; kartografische Darstellung: M. Squar 1995

Die Dichtewerte an Wohnstandorten mit überwiegend offener Bebauung (Ein- und Zweifamilienhäuser, kleinere Mehrfamilienhäuser) waren ebenso relativ konstant (Hohe Tanne und Wilhelmsbad im Nordwesten, Klein-Auheim im Süden und der südwestliche Innenstadtbereich zwischen Main und Kinzig), oder unterlagen einer Abnahme (Kesselstadt östlich der Weststadt, Groß-Auheim im Südosten). In Hanau-Steinheim nahmen die Bevölkerungsdichtewerte in den statistischen Bezirken mit Wohnhochhäusern zu und blieben in den übrigen Wohngebieten nahezu unverändert.

Abb. 2a:

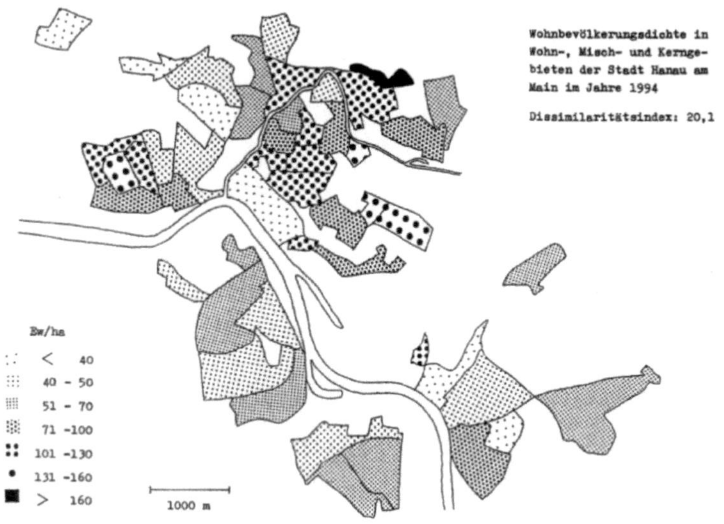

Quelle: Siehe Abb. 2; Nationalitätenstatistik des Einwohnermeldeamtes Hanau 1994

Die Entwicklung der kleinräumigen Wohnbevölkerungsdichte in Bad Homburg unterlag in den letzten knapp zwanzig Jahren im Gegensatz zu Hanau einer signifikanten Veränderung. Der Dissimilaritätsindex fiel von 19,0 (1976) auf 16,7 im Jahre 1994. Bezogen auf das gesamte Stadtgebiet vollzog sich hier somit eine gewisse Harmonisierung der Bevölkerungsdichte. Kleinräumige Veränderungen fielen weniger gravierend aus als in Hanau (vgl. Abb. 3 und 3a). Die größten Dichtewerte waren sowohl 1976 als auch 1994 in der Innenstadt und im nördlich gelegenen Stadtteil Kirdorf zu finden. Die von der Innenstadt nach Südosten in Richtung Ober-Eschbach verlaufende „Wohnachse“ weist auch noch heute eine recht hohe, nur geringfügig gefallene Bevölkerungsdichte auf.

Abb. 3:

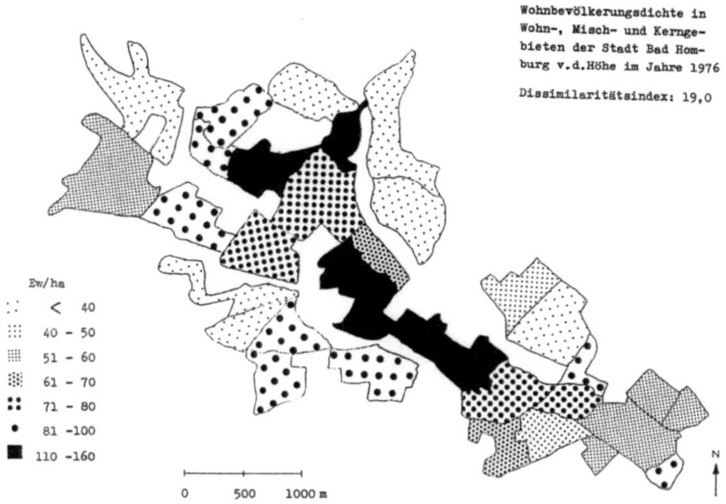

Quelle: Eigene Berechnungen nach: Adressbuch Bad Homburg 1977; topografische KarteM = 1:25000; Katasterkarte Bad Homburg mit Abgrenzung statistischer Bezirke; kartografische Darstellung: M. Squar 1995

In den statistischen Bezirken mit ausgeprägten Wohnhochhausstandorten ergaben sieh im Vergleich zu Hanau keine grundlegenden Veränderungen (vgl. Abb. 11). Hierbei ist jedoch zu bemerken, dass sowohl hinsichtlich der Anzahl als auch der Konzentration der Hochhausbewohner große Unterschiede zwischen beiden Städten bestehen. Hierauf wird in Kapitel 3 noch näher einzugehen sein. Gebiete mit überwiegend offener Bebauung blieben mit ihren geringen Dichtewerten wie in Hanau verhältnismäßig konstant. Es handelt sich dabei insbesondere um den Stadtteil Ober-Eschbach, die Wohngebiete südlich und westlich des Hardtwaldes sowie um Dornholzhausen im Nordwesten und die Wohngebiete nördlich von Kirdorf und südwestlich der Innenstadt.

Abb. 3a:

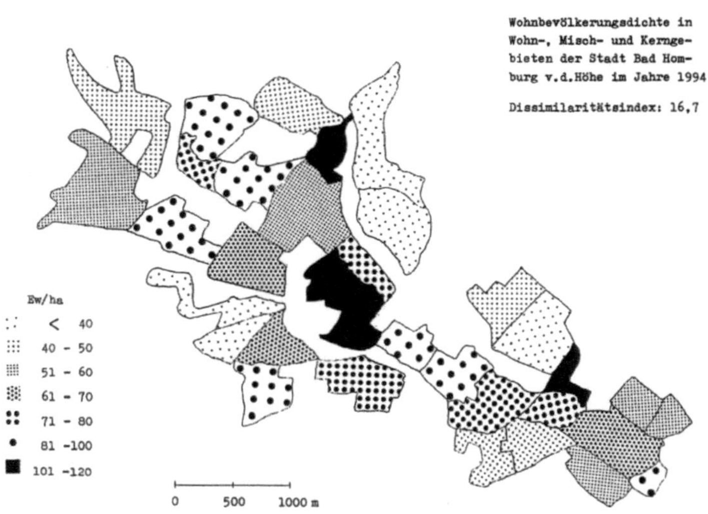

Quelle: siehe Abb. 3; Adressbuch Bad Homburg 1995

Anhand der oben getroffenen Feststellungen ergeben sich Parallelen und Unterschiede bei der kleinräumigen Verteilungsdynamik der (bereinigten) Wohnbevölkerungsdichte. Ob und in welchem Umfang diese Aussagen im Zusammenhang mit der Ausländerverteilung stehen, wird in den nachfolgenden Punkten und im bereits erwähnten Kapitel 3 untersucht.

2.1.2 Raum-zeitliche Veränderungen der kleinräumigen Ausländerkonzentrationen

Der Segregationsgrad der gesamten ausländischen Bevölkerung Hanaus hat sich gegenüber der deutschen Wohnbevölkerung seit 1975 erheblich erhöht (vgl. Abb. 4 und 4a). So stieg der Segregationsindex von 25,9 auf 34,7 im Jahre 1994. In nahezu allen Innenstadtbereichen nahmen die Ausländeranteile leicht zu, wobei die zur Segregationserhöhung beitragenden Spitzenwerte mit über 40% größtenteils in den dicht bevölkerten Gebieten lokalisiert sind.

Abb. 4:

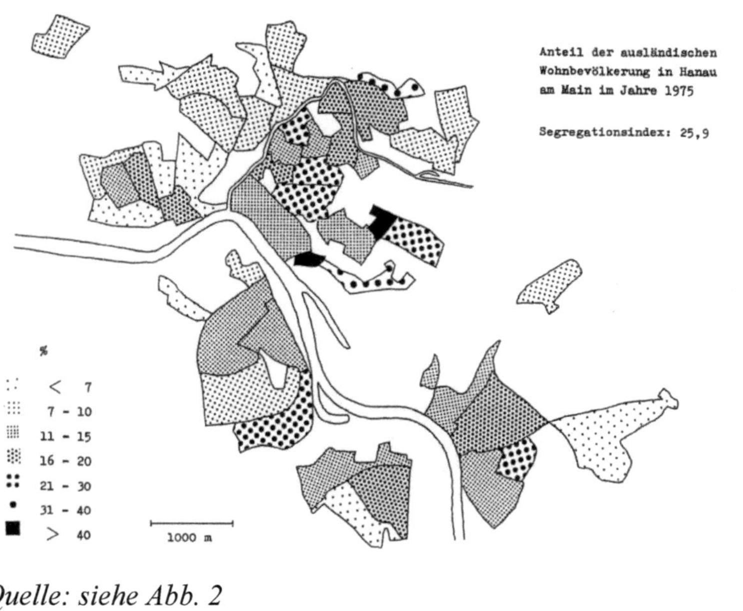

Quelle: siehe Abb. 2

Die ausgeprägten Wohnhochhausgebiete in der Weststadt, im Norden und Nordosten (Tümpelgarten) der Stadtmitte sowie in den südöstlich gelegenen Stadtteilen Wolfgang und Groß-Auheim lassen sogar eine recht deutliche Zunahme erkennen.

Wohngebiete mit geringerem Bestand an größeren Mehrfamilienhäusern wie in Steinheim und Klein-Auheim im Süden Hanaus zeichnen sich dagegen durch leicht gegenläufige Entwicklungen mit abnehmender Tendenz aus.

Folgende Rückschlüsse lassen sich aus den bisher getroffenen Feststellungen ziehen:

1. Der starke Anstieg des Ausländeranteils in den letzten zwanzig Jahren ist in Hanau auf den großen Anteil der mit überaus hohen Geburtenraten gekennzeichneten türkischen Wohnbevölkerung (vgl. Punkt 1 .1), die in dieser Stadt mit annähernd 50% aller ausländischen Einwohner vertreten ist, zurückzuführen.

2. Mit der Erhöhung des Ausländeranteils ergibt sich eine deutliche Segregationszunahme, die aus der verstärkten Herausbildung kleinräumiger Ausländerkonzentrationen resultiert.

3. Diese Konzentrationszunahmen vollzogen sich im gesamten Innenstadtbereich, insbesondere aber in dicht besiedelten Raumeinheiten allgemein und an einigen Hochhausstandorten im Besonderen.

Betrachtet man lediglich die türkischen Anteile (vgl. Abb. 6), so bestätigt sich die erste Feststellung. Aus besagter Abb. 6 geht für 1994 ein Segregationsindex von 42,0 hervor, der wiederum signifikant von dem der übrigen ausländischen Einwohner (20,7 – vgl. Abb. 8) abweicht. Im Einzelnen sticht die Innenstadt mit ihren angrenzenden, dicht bevölkerten nord- und südöstlichen Bereichen hervor. Die statistischen Bezirke mit Wohnhochhäusern treten insgesamt gesehen in den Hintergrund. Allerdings ist gerade im ausgeprägtesten dieser Gebiete, der Weststadt, ein überdurchschnittlicher türkischer Bewohneranteil festzustellen. Die übrigen Ausländer (ohne Türken) konzentrierten sich ebenfalls in den oben genannten Bezirken; sie sind jedoch bei etwas größerem Gesamtanteil mit deutlich geringeren Spitzenwerten vertreten als die Türken (vgl. Abb. 6 und 8). Die ausgewogenere Verteilung kommt auch durch den höheren Anteil dieser Ausländergruppe in den Stadtteilen mit höherwertigen Wohnlagen zum Ausdruck. Im Falle Hanaus kommt die türkische Sonderstellung somit klar zum Ausdruck. Sie ist vor dem Hintergrund des vergleichsweise hohen Segregationsindex als wesentliches segregationsförderndes Element anzusehen.

Abb. 4a:

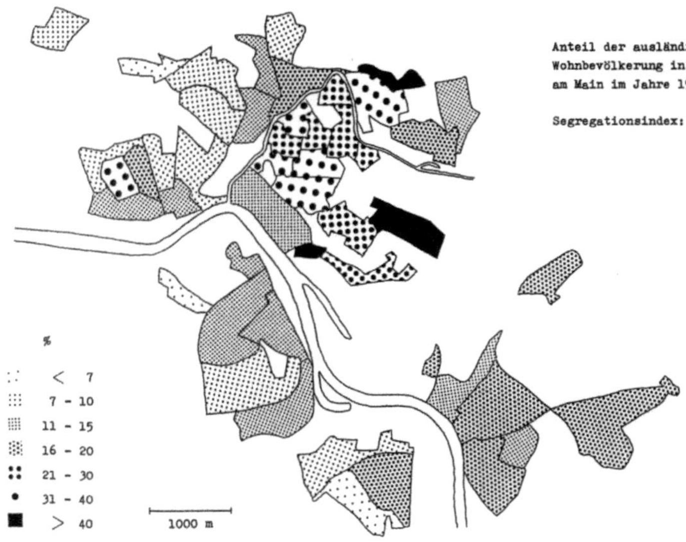

Quelle: siehe Abb. 2a

Kulturell-religiöse Aspekte spielen für gewollte und ungewollte Segregation eine zentrale Rolle (vgl. Punkt 1.3); die Gewichtung beider Segregationsformen lässt sich aber trotz diverser sozialwissenschaftlicher Befragungsmethoden aufgrund sehr subjektiver Meinungen objektiv nur schwer fassen. Die wohl bedingter auftretende gewollte Segregation tritt bei den Türken offensichtlich in etwas höherem Maße auf (vgl. Bötken 1991, S. 491).

Abb. 5:

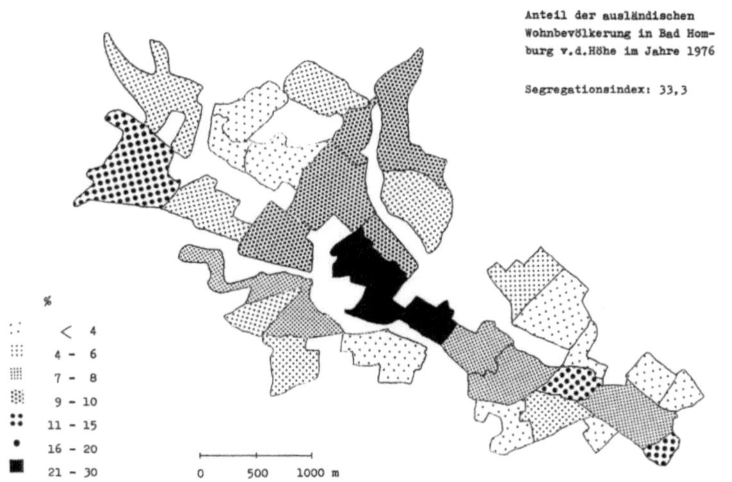

Quelle: Siehe Abb. 3

Völlig anders stellt sich die ethnische Segregationsentwicklung in Bad Homburg dar. Bezogen auf alle Ausländer fiel hier der Segregationsindex von 33,3 (1976) auf 22,1 im Jahre 1994. In der Innenstadt ergaben sieh kaum Veränderungen, während die nach Nordwesten und Südostengerichteten Anschlussgebiete gegenwärtig flächendeckend höhere Ausländeranteile aufweisen (vgl. Abb. 5 und 5a). Dieser Sachverhalt betrifft ebenso die statistischen Bezirke mit umfangreicherem Wohnhochhausbestand. Auffallend ist jedoch, dass entgegen der Gesamtentwicklung der Ausländeranteil in Wohngebieten mit überwiegend offener Bebauung (nördlich der Innenstadt, Dornholzhausen im Nordwesten) sank. Trotz einer insgesamt rückläufigen Segregationsentwicklung ergaben sich auf kleinräumiger Ebene einzelne segregale Polarisierungen.

Abb. 5a:

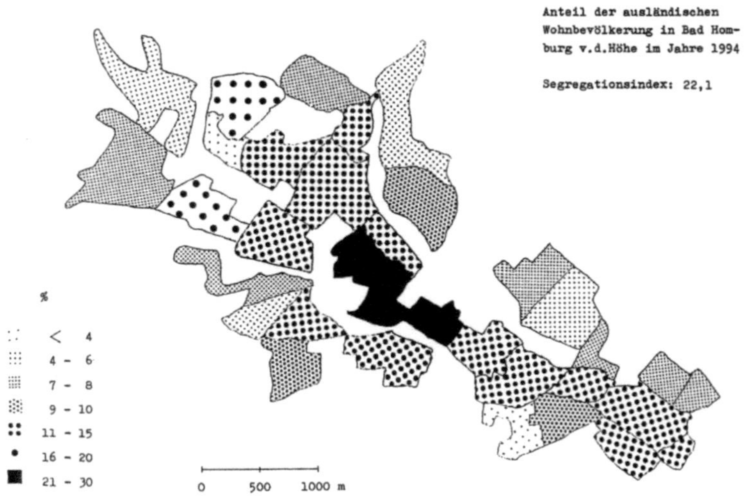

Quelle: Siehe Abb. 3a

Für die türkische Bevölkerung lag der Segregationsindex 1994 mit 38,0 parallel zu Hanau etwa doppelt so hoch wie im Falle der übrigen Ethnien (vgl. Abb. 7 und 9). Auch in Bad Homburg sind beide Bevölkerungsgruppen im innerstädtischen Bereich überdurchschnittlich stark vertreten. Eine Ausnahme bildet hierbei der südöstliche Innenstadtteil, der weniger von Türken als vielmehr von den übrigen Ausländern frequentiert ist und somit interethnische Segregationsmuster erkennen lässt. Statistische Bezirke mit

Wohnhochhausstandorten zeigen hinsichtlich der türkischen Einwohner zwei völlig unterschiedliche Richtungen auf (vgl. Abb. 7, 11 15 und 15a): In drei Bezirken (Nordwestteil Innenstadt, Gartenfeldsiedlung als umfangreichstem Hochhausstandort und westlich des Stadtteils Kirdorf) ist der türkische Bevölkerungsanteil, gemessen an der Gesamtstadt, mehr als dreimal so hoch.

Abb. 6:

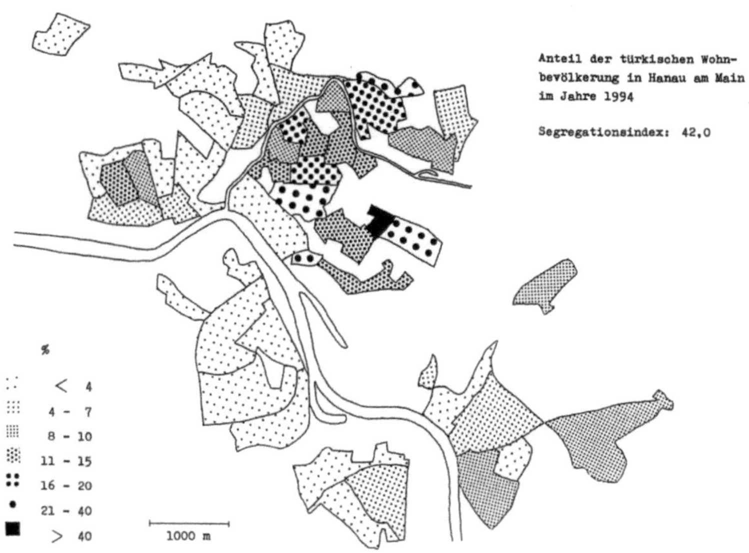

Quelle: siehe Abb. 2a

Andererseits sind in zwei anderen dominanten Hochhausgebieten am nordwestlichen Stadtrand und im Südosten Bad Homburgs unterdurchschnittliche Anteilswerte festzustellen. Es liegt also nahe, dass ethnische Segregation auf kleinräumiger Ebene in äußerst differenzierten Formen auftreten kann. Hierzu wird in Kapitel 3 auf nähere Hintergründe einzugehen sein.

Für Bad Homburg bleibt festzuhalten:

1. Aufgrund der im Gegensatz zu Hanau völlig unterschiedlichen ethnischen Struktur ergab sich seit 1976 ein deutliches Segregationsgefälle;

2. der türkische Segregationsgrad liegt erheblich höher als der der übrigen Ausländer;

3. wie in Hanau ist auch in Bad Homburg die türkische Bevölkerung vorrangig in den dicht besiedelten Wohngebieten ansässig, während die anderen Ethnien wesentlich gleichmäßiger (Ausnahme: Innenstadtbereiche) über das Stadtgebiet verteilt und in Raumeinheiten geringer Bevölkerungsdichte relativ stärker vertreten sind.

Abb. 7:

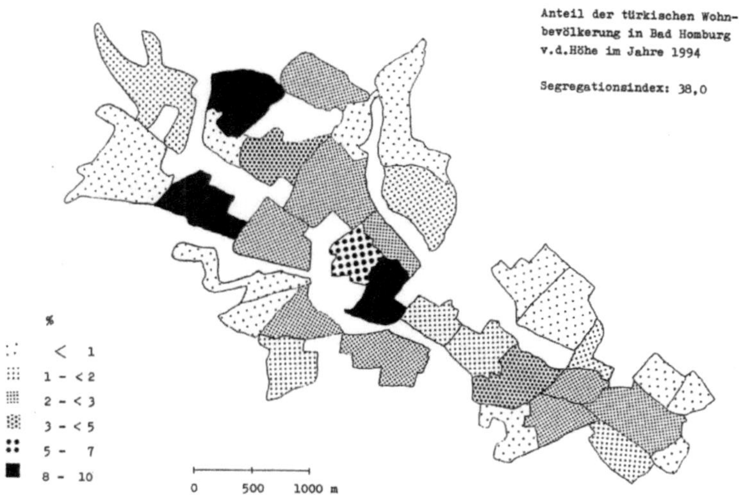

Quelle: siehe Abb. 3a

Der Vergleich beider Städte weist in den Abb. 8 und 9 nur einen geringen Unterschied beim Segregationsausmaß der Ausländergruppe ohne Türken aus (vgl. Abb. 6 und 7) und unterstreicht den ethnospezifischen Segregationskontrast.

Abb. 8:

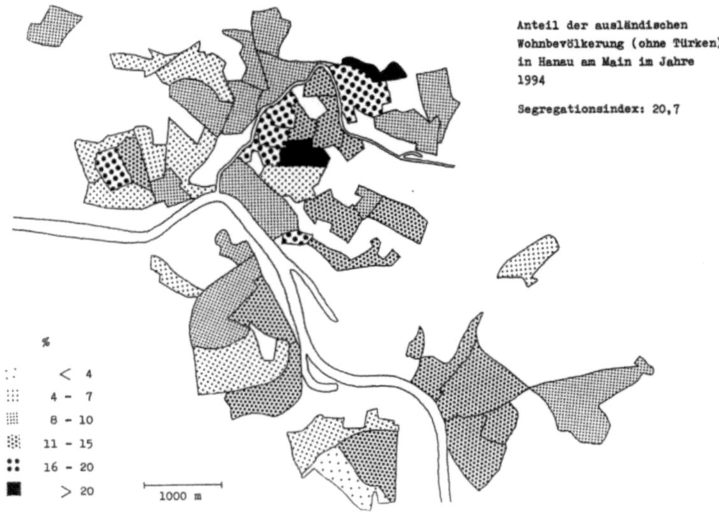

Abb. 9:

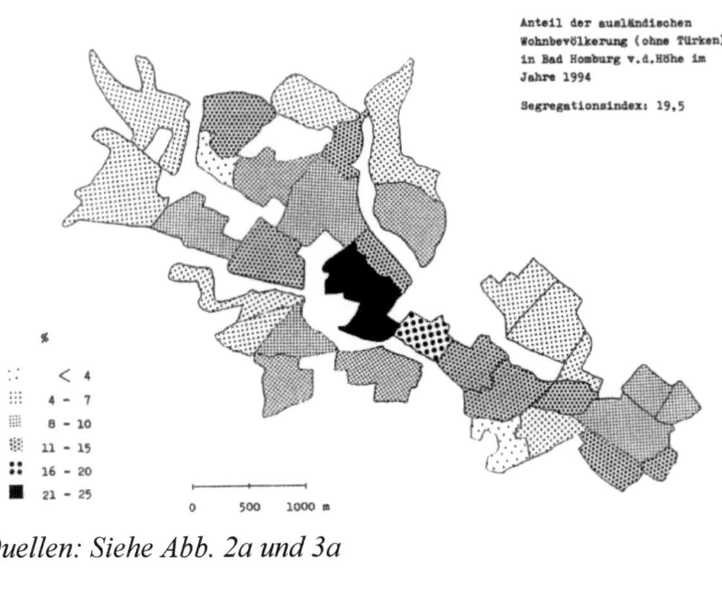

Quellen: Siehe Abb. 2a und 3a

2.2 Zusammenhang zwischen kleinräumiger Bevölkerungsdichte und Ausländeranteilen (Regressions- und korrelationsanalytische Entwicklung)

In den vorstehenden Ausführungen klang das Abhängigkeitsverhältnis zwischen der Bevölkerungsdichte und Wohnbevölkerungsanteilen verschiedener Nationalitäten bereits an. Dieser Zusammenhang soll nun mittels regressions- und korrelationsanalytischer Berechnungen näher untersucht und untermauert werden. Als Grundlage hierfür dienten die 50 bzw. 36 statistischen Bezirke Hanaus und Bad Homburgs mit den Variablen Ew/ha (vgl. Punkt 1.2.2) und die entsprechenden, ethnisch differenzierten Bevölkerungsanteile.

Diagramm 4 verdeutlicht das unterschiedliche Korrelationsniveau von Ausländern und Deutschen in Hanau 1975:

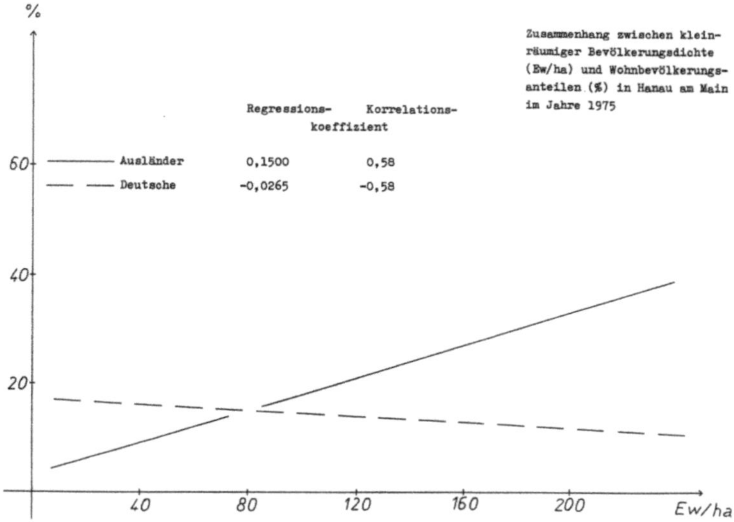

Quelle: Eigene Berechnungen nach: Nationalitätenstatistik des Einwohnermeldeamtes Hanau 1975

Während der Anteil der Ausländer um 0,15% je Ew/ha zunahm, fiel er im Falle der deutschen Einwohner um 0,026%. Die Intensität dieses Zusammenhangs (Korrelationskoeffizient) lag bei ± 0,58 (0 = kein Zusammenhang, ± 1 = maximaler Zusammenhang).

Dieses schon damals eindeutige Missverhältnis intensivierte sich bis 1994 mit einem Anstieg des Regressionskoeffizienten auf 0,27. Das heißt, dass sich der Ausländeranteil je Ew/ha mit dem Faktor 1,8 fast verdoppelte (vgl. Diagramm 4a). Bei den Deutschen hingegen konnte eine weitere Verringerung dieses Indikators festgestellt werden.

Diagramm 4a:

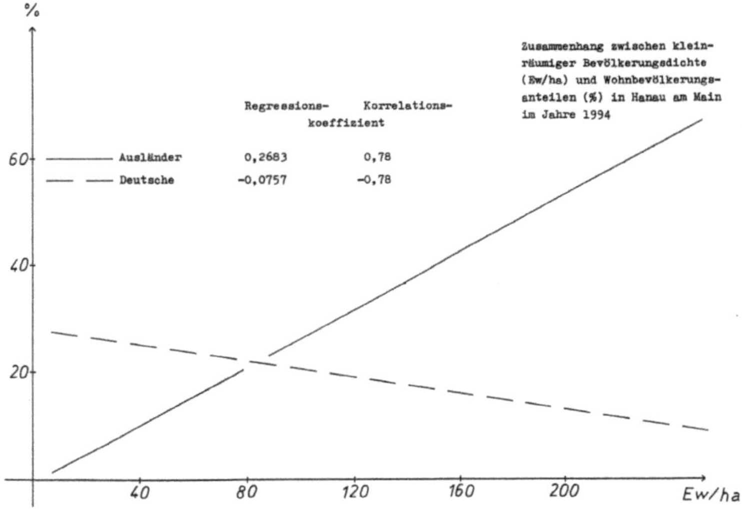

Quelle: Eigene Berechnungen nach: Nationalitätenstatistik des Einwohnermeldeamtes Hanau 1994

Die Segregationsschere zwischen beiden Bevölkerungsgruppen ist hinsichtlich der kleinräumigen Einwohnerdichte in beträchtlichem Umfang auseinandergegangen, wobei mit Erhöhung des Korrelationskoeffizienten auf ± 0,78 auch die Stärke des Zusammenhangs größer geworden ist.

Die Hauptursache für das Auseinanderdriften dieser Entwicklung ist nicht ohne weiteres in dem Einkommensgefälle zwischen Deutschen und Ausländern zu sehen, da solche Einkommensunterschiede vor 20 Jahren aufgrund der teilweise beruflich verbesserten Chancengleichheit (staatliche Förderprogramme) und steuerlicher Aspekte (Progression) zweifellos noch größer waren als heute. Es sind also weitere Erklärungsansätze zu dem oben erforschen Sachverhalt notwendig, zumal die bereits in Punkt 1 .1 genannten Autoren Arend (1984) sowie Ipsen, Glasauer und Heinzel (1980) geringere Einkommen von Ausländern nicht unbedingt als Grund für deren schlechtere Wohnbedingungen ansehen. Erhärtet werden diese Feststellungen auch durch die Tatsache, dass sehr viele heruntergewirtschaftete Altbauwohnungen in unattraktiven Innenstadtlagen von Ausländern bewohnt werden, die hierfür zum Teil höhere Mieten zahlen als manche deutsche Mieter für gepflegtere und besser ausgestattete Wohnungen. Hierin spiegelt sich das subjektive und somit äußerst schwer fassbare Verhalten privater, aber auch öffentlicher Vermieter (vgl. Blanc 1991, S. 450- 451), das einerseits durch Vorurteile, andererseits auch durch Sympathie oder sonstige persönliche Beziehungen erklärbar ist. Derartige Faktoren werden oftmals unterschätzt und schwächen die bereits erwähnte „Filtering-Theorie“ erheblich ab. Das Ausmaß der Segregation ist in Hanau aufgrund dieser Gegebenheiten trotz aller Integrationsbemühungen seitens des größten Teils der politischen Kräfte in den letzten 20 Jahren fortgeschritten.

Diagramm 5 veranschaulicht den Unterschied zwischen Türken und übrigen Ausländern. Hierbei ist anzumerken, dass zur eindeutigeren Aussagefähigkeit der türkische Regressionskoeffizient entsprechend der Gewichtung beider ethnischen Anteile angepasst worden ist. Es zeigt sieh eine verhältnismäßig große Diskrepanz, welche die besagte Sonderstellung der Türken hervorhebt und bestätigt.

Diagramm 5:

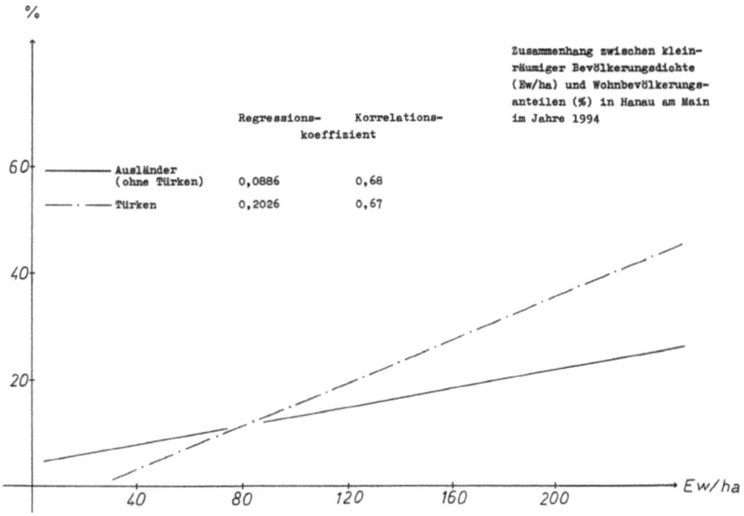

Quelle: Siehe Diagramm 4a

Letzteres wird ebenso am Beispiel Bad Homburgs deutlich. Der Unterschied beider Ausländergruppen ist dort allerdings nicht ganz so gravierend (vgl. Diagramm 6). Die Stärke des Zusammenhangs zwischen Einwohnerdichte und türkischen Bevölkerungsanteilen liegt mit einem Wert von 0,47 relativ weit unter den vergleichbaren Korrelationskoeffizienten. Dieser Sachverhalt ist jedoch auf den geringen Anteil der Türken in Bad Homburg zurückzuführen.

Betrachtet man den zeitlichen Segregationsverlauf zwischen allen Ausländern und Deutschen, so zeigen sieh für 1976 ähnliche Verhältnisse wie in Hanau. Bis 1994 ist die Segregationsschere aber nur geringfügig auseinandergegangen (vgl. Diagramme 7 und 7a). Näher zusammenliegende Werte konnten für Bad Homburg bereits in vorangegangenen Untersuchungen festgestellt werden und lassen auf einen segregalen Dämpfungseffekt schließen.

Diagramm 6:

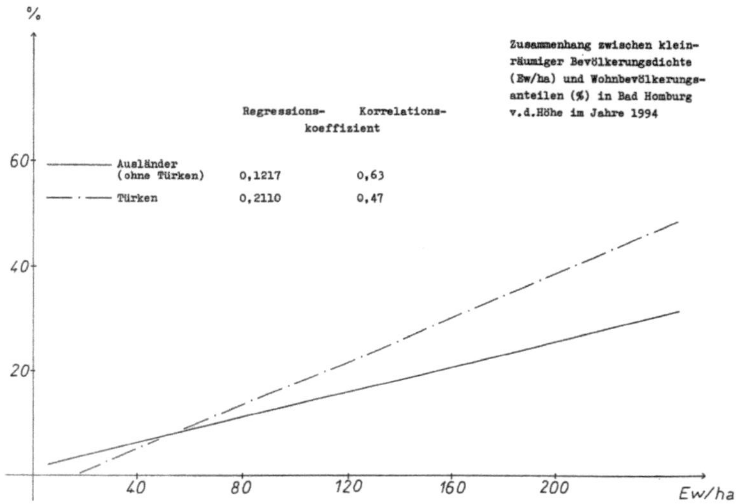

Quelle: Eigene Berechnungen nach: Adressbuch Bad Homburg 1995

In beiden Städten ist die Segregation in Form des Zusammenhangs zwischen Bevölkerungsdichte und Ausländeranteilen in den letzten 20 Jahren mehr oder weniger angestiegen. Die türkische Wohnbevölkerung war hiervon deutlich stärker betroffen als die Angehörigen der restlichen Ausländergruppe. Man kann durchaus von einer gewissen Affinität mit den in Punkt 2.1.2 gewonnenen Erkenntnissen sprechen, deren Ursachen aus den unterschiedlichen ethnischen Strukturen resultieren. Dies um so mehr, da Segregationsindizes und Regressions- bzw. Korrelationskoeffizienten zwei voneinander unabhängige Untersuchungsindikatoren darstellen.

Diagramm 7:

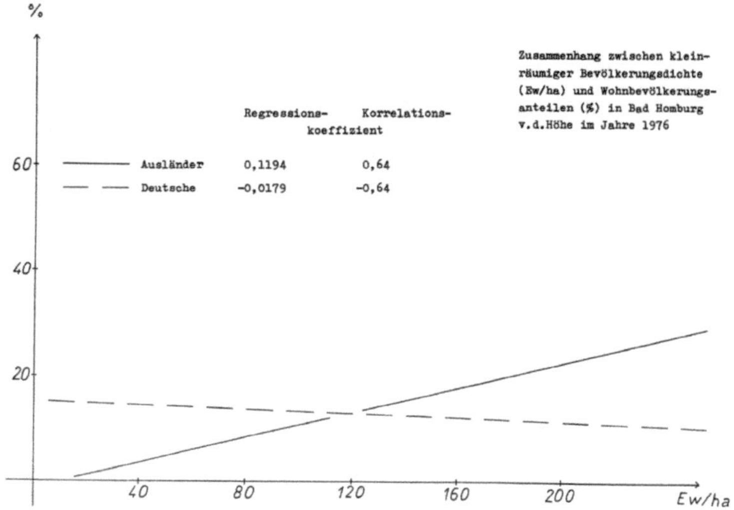

Quelle: Eigene Berechnungen nach: Adressbuch Bad Homburg 1977

Diagramm 7a:

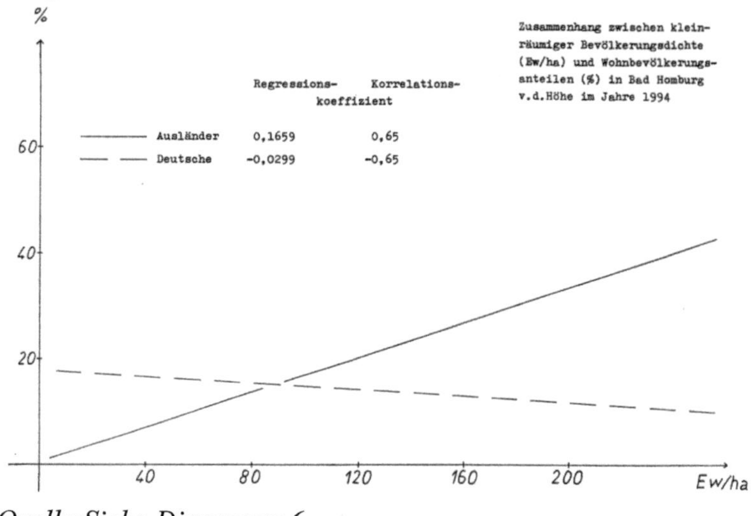

Quelle:Siehe Diagramm 6

2.3 Additive Segregationsursachen (Residuenanalyse)

Mit Hilfe der Residuenanalyse soll das angewandte Regressionsmodell auf weitere Segregationsursachen ausgeweitet werden. Unter den Residuen einer Regression versteht man signifikante Abweichungen einzelner Elemente (hier: statistische Bezirke) von der Regressionsgeraden. Sie können bei ihrer Berechnung positive oder negative Werte annehmen. Positive Residuen sind durch höhere als die von der Regressionsgeraden vorgegebenen normativen Werte gekennzeichnet, negative Residuen durch entsprechend niedrigere. Die so ermittelten räumlichen Einheiten fallen gewissermaßen aus der Rolle und bedürfen weiterer Erklärungsansätze. In der vorliegenden Arbeit wurden die statistischen Bezirke mit einer Abweichung von mehr als ± 10% berücksichtigt und auf zusätzliche Segregationsvariablen untersucht.

Im Falle Hanaus ergaben sich fünf negative Residuen mit > – 10% bis – 15% und zwei mit > – 15 bis – 20% unterdurchschnittlichen Ausländeranteilen, die fast alle weit außerhalb der Innenstadt liegen. Es handelt sich dabei:

a) um Gebiete mit hohem Anteil an gepflegten Mehrfamilienhäusern des sozialen Wohnungsbaus mittlerer Größe mit bis zu 20 Wohnungen, durchsetzt mit kleineren Mehrfamilien- und Zweifamilienhäusern (Weststadt). Hierbei ist zu bemerken, dass der Bezirk nördlich der Weststadt (ohne Hochhausbestand) in die Kategorie von > – 10% bis – 20% fällt, während die beiden anderen Bezirke mit einigen Wohnhochhäusern lediglich bis maximal – 15% unterdurchschnittliche Ausländeranteile aufweisen. Der ausgesprochen markante Hochhausbereich in der Weststadt (vgl. Abb. 10) liegt im Trend der Regressionsgeraden und erfährt mithin keine nennenswerte Abweichung;

b) um kleinere Mehrfamilienhäuser mit bis zu 5 Wohnungen in einem kleinen Gewerbegebiet nordwestlich des Stadtteils Groß-Auheim, die zum Großteil von den Gewerbetreibenden selbst bewohnt werden;
c) um ein Gebiet im Südwesten des Stadtteils Klein-Auheim, überwiegend bestehend aus Zweifamilien- und Reihenhäusern aus den 1950er Jahren und vereinzelten größeren Mehrfamilienhäusern mit gesamtheitlich guter Bausubstanz;
d) um einen Hochhausbezirk mit sonstigen großen Mehrfamilienhäusern des sozialen Wohnungsbaus nördlich der Innenstadt, in dem zahlreiche Aussiedler ansässig sind;
e) um den östlich der Innenstadt gelegenen Bezirk mit gepflegtem Altbauwohnungsbestand.

Bei den positiven Residuen, also jenen mit überdurchschnittlich hohen Ausländeranteilen, ergibt sich ein völlig anderes Bild:
Zwei dieser insgesamt fünf Gebiete liegen unmittelbar in der Innenstadt und sind durch geschlossene Mehrfamilienhausbebauung mit größtenteils renovierungsbedürftigen Altbauten gekennzeichnet.
Die restlichen drei Bezirke befinden sich südlich bzw. südöstlich der Innenstadt. In unmittelbarer Nähe des ersten Bezirks ist der Hanauer Hafen lokalisiert. Das zweite Gebiet mit der weitaus größten Abweichung (> 30%) stellt

den Schwerpunkt der Ausländerkonzentration Hanaus (überwiegend Türken) dar. Es liegt inmitten eines ausgedehnten Industriegebietes und besteht vorrangig aus unattraktiven Altbauwohnungen und einem völlig verrotteten Wohnhochhaus, das zu mehr als 90% von Türken bewohnt wird. In südöstlicher Verlängerung befindet sich schließlich die dritte positive Residue mit einer Abweichung zwischen 10% und 15%. Hier sind Mehrfamilienhäuser des sozialen Wohnungsbaus, Werkswohnungen und ältere Zwei- bis Dreifamilienhäuser in wesentlich gepflegterer Form (Bausubstanz, Wohnumfeld) als im letztgenannten Bezirk anzutreffen.

In Bad Homburg konnten lediglich je zwei negative und positive Residuen mit Werten zwischen ± 10% und ± 15% herauskristallisiert werden. Auch dieser Aspekt veranschaulicht die größere Harmonisierung der Bad Homburger Segregationsverhältnisse. Ähnlich wie in Hanau liegen die beiden positiven Teilraumresiduen direkt in der Innenstadt mit ihrem geschlossenen Altbaubestand. Die negativen Bezirke finden sich an der südöstlichen (Gonzenheim) und nordwestlichen (westlich Kirdorf) Stadtperipherie mit Wohngebäuden, deren Spektrum vom Hochhaus bis zum Einfamilienhaus reicht. Gemeinsam ist ihnen eine durchweg gute und gepflegte Bausubstanz.
Aus den gewonnenen Erkenntnissen dieser Residuenanalyse lassen sich folgende Schlussfolgerungen ziehen:

1. Teilräume mit erheblich über dem Trend der Regressionsgeraden liegenden Ausländeranteilen (positive Residuen) sind vorwiegend in Innenstadtbereichen mit

geschlossenem, oftmals renovierungsbedürftigem Altbaubestand oder in unmittelbarer Nähe von Industrie- und größeren Gewerbeflächen lokalisiert.

2. Teilräume mit erheblich unter dem Trend der Regressionsgeraden liegenden Ausländeranteilen (negative Residuen) befinden sieh vorwiegend in Stadtrandlagen und sind zum einen durch hohen Sozialwohnungsbestand, zum anderen durch privat errichtete Ein-, Zwei- und Mehrfamilienhäuser bis zu etwa 20 Wohnungen gekennzeichnet.

3. Wesentliches Kriterium der eingeschränkten Zugänglichkeit für Ausländer ist weniger die Physiognomie eines Baukörpers als vielmehr dessen Bausubstanzqualität und Lagegunst.

Diese Schlussfolgerungen lassen im Mikrostandortbereich auf krasse Segregationsgegensätze schließen, die im folgenden Kapitel 3 am Beispiel der Wohnhochhausstandorte eingehend untersucht werden.

3. ETHNISCHE SEGREGATIONSENTWICKLUNG AUF MIKROEBENE AM BEISPIEL VON WOHNHOCHHAUSSTANDORTEN

3.1 Räumliche Verteilung von Wohnhochhäusern unter Berücksichtigung des Baujahrs und der Geschosszahl als segregationsbestimmende Faktoren

Eine extreme Form verdichteten Wohnens finden wir in den bestehenden Großsiedlungen mit Wohnhochhausbestand. Deren Entstehungsschwerpunkt zwischen Ende der 1960er und Anfang der 1970er Jahre gründet sich auf vielfältige Aspekte, die von der Notwendigkeit der raschen und effizienten Schaffung umfangreichen Wohnraumes im Rahmen des nachkriegsbedingten Wiederaufbaus bei Erwartung eines Bevölkerungswachstums (vgl. Ziercke 1985, S. 26-27; Döhne 1985, S. 36) bis zum damals vorherrschenden elitär-gesellschaftlichen Zeitgeist, der solche Großbauten offenbar mit dem Begriff der Modernität verband, reichen.

Im hier vorliegenden Untersuchungsgebiet gibt es zwar keine spezifischen Trabantenstädte, wohl klar abgegrenzte Wohnhochhausgebiete. Abb. 10 vermittelt deren räumliche Verteilung in Hanau nach den Kriterien Baujahr und Geschosszahl. Es ist ersichtlich, dass auch in Hanau die meisten dieser Gebäude zwischen 1968 und 1971 entstanden und die Bauaktivität in den nachfolgenden Jahren kontinuierlich nachließ. Auffallend ist jedoch ein gewisser Bauboom Mitte der 1960er Jahre mit der Errichtung von fast

25% sämtlicher Wohnhochhäuser Hanaus (Kriterium: überwiegend zu Wohnzwecken genutzte Gebäude mit mehr als fünf Stockwerken).

Die räumliche Verteilungsdifferenzierung nach dem Baujahr führt zu folgenden Feststellungen: In der Weststadt dominiert vorwiegend jüngere Bausubstanz (ab 1970), während im nordöstlich gelegenen Tümpelgarten ältere Hochhäuser aus der Phase vor 1968 vorhanden sind. In beiden Fällen handelt es sich um Gebiete, die in hohem Maße durch den sozialen Wohnungsbau geprägt sind. Die älteren Standorte im Tümpelgarten stellen gewissermaßen eine Vorläuferfunktion für die seit Ende 1960 aus dem Boden gestampfte Weststadt mit ihrem überdimensional konzentrierten Wohnhochhausbestand dar. Im naturräumlich lagebegünstigten Stadtteil Steinheim setzten sich nur vereinzelte Standorte durch. Das älteste dieser Gebäude stammt aus der mittleren Hauptbauphase und liegt an einer verkehrsreichen Hauptstraße in unmittelbarer Bahnhofsnähe. Es weist den mit Abstand höchsten Ausländeranteil (1994: 41%; 1984: 47%) aller Steinheimer Hochhäuser auf, die sonst alle unter 10% liegen.

Abb. 10:

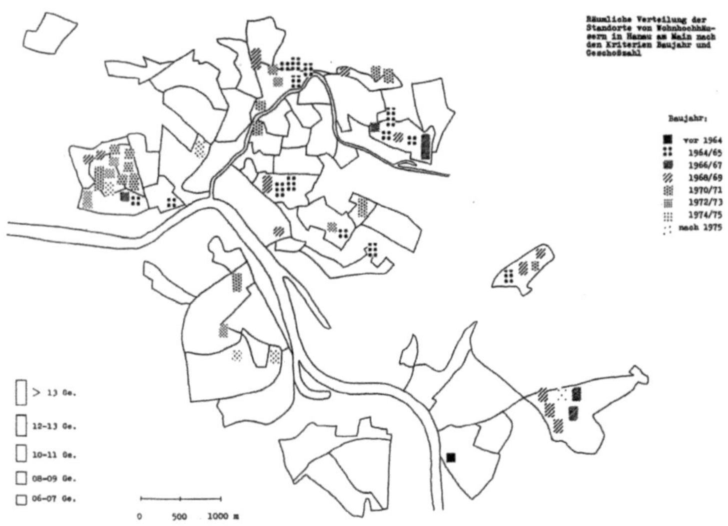

Quelle: Eigene Erhebungen durch teilnehmende Beobachtung 1994

Im vorangegangenen Punkt 3.1 klang bereits an, dass im Gegensatz zur räumlichen Lage die Physiognomie eines Gebäudes eine geringere Rolle für die Ausbildung ethnischer Segregationsmuster spielt. Dies trifft in erster Linie auf die Betrachtung von Einzelstandorten zu. Bezogen auf die Gesamtstadt Hanau übt aber auch die vertikale Erstreckung der Hochhäuser Einfluss auf die Segregation aus. Nach **Tabelle 1** steigt der Ausländeranteil mit zunehmender Geschosszahl folgendermaßen an (Werte für 1984 in Klammern):

Geschoß-zahl	Ausländer gesamt(%)	Türken(%)	übr. Aus-länder(%)	Behaus.-Dichte
06-07	27 (18)	15 (10)	12 (8)	163 (125)
08-09	45 (28)	33 (20)	12 (8)	129 (106)
10-11	50 (47)	41 (36)	9 (11)	166 (154)

Quelle: Eigene Berechnungen nach: Nationalitätenstatistiken des Einwohnermeldeamtes Hanau 19B4 und 1994

Hochhäuser mit mehr als 11 Stockwerken wurden hierbei nicht berücksichtigt, da durch ihre geringe Anzahl (drei Gebäude) keine objektive Aussagefähigkeit gegeben ist. Die vertikale Mächtigkeit der Gebäude stellt auf gesamträumlicher Ebene unabhängig von der Behausungsdichte (Ew/Haus) ein segregationsförderndes Element dar. Auch in diesem Fall zeigt die ethnospezifische Differenzierung, dass die Türken im Gegensatz zu den übrigen Ausländern hiervon elementar betroffen sind.

Ein anderer Segregationsindikator ist das Gebäudealter. Jene Hochhäuser aus der Hauptbauphase um 1970 wiesen sowohl 1994 mit 57% als auch 1984 mit 45% den weitaus höchsten Ausländeranteil sämtlicher Baujahrsklassen auf. Diese baujahrsbedingte Segregation ist eng an die Behausungsdichte gekoppelt, welche in der genannten Altersklasse am höchsten ausfiel. Die in den Jahren 1970/71 errichteten Hochhäuser hatten 1994 einen Dichtewert von 258 Ew. pro Haus (zweithöchster Wert 1972/73: 153), 1984 waren es nur 166 Ew/Haus (zweithöchster Wert 1972/73: 153). Somit erfuhr die ethnische Segregation aus diesem Blickwinkel eine erhebliche Zunahme. Die türkischen Bewohner unterlagen hierbei mit 44,6% (1984: 32,6%) fast ausschließlich diesem segregalen Aspekt. Mit Werten von 11,6 (1984: 12,8%) verzeichnete die restliche Ausländergruppe hingegen wesentlich ausgeglichenere Werte.

Die Wohnhochhausbebauung in Bad Homburg erfolgte ebenso wie in Hanau schwerpunktmäßig um das Jahr 1970 und ist durch einen noch höheren Anteil älterer Gebäude (Baujahr vor 1966: 35%) gekennzeichnet (vgl. Abb. 11). In beiden Fällen kann man von einer bereits in der ersten Hälfte der 1960er Jahre stattgefundenen sekundären Hauptbauphase sprechen, in deren Verlauf Häuser mit durchschnittlich geringeren Geschosszahlen errichtet worden sind.

Abb. 11:

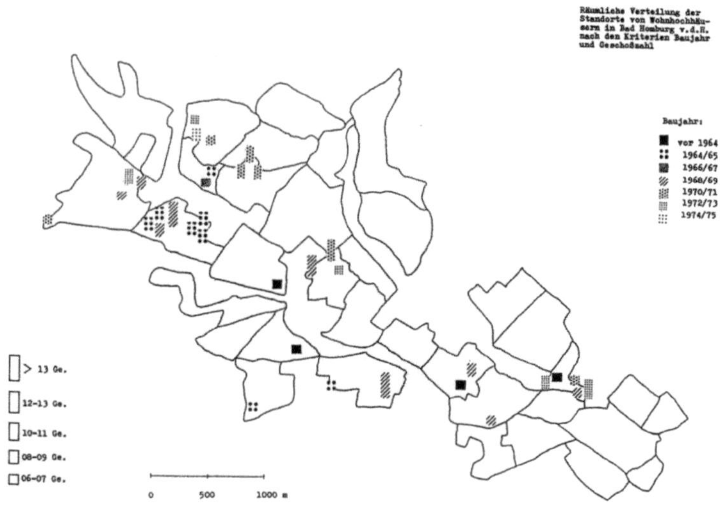

Quelle: Eigene Erhebungen durch teilnehmende Beobachtung 1994

Das auf das Baujahr bezogene Segregationsniveau erreichte in Bad Homburg wiederum ausgeglichenere Werte als in Hanau. Aber auch hier ragt, zeitlich nur unwesentlich versetzt, die 1968/69er Phase mit einem Ausländeranteil von 21% und der höchsten Behausungsdichte (206 Ew/Haus) heraus. Gegenüber 1984 (11%, 116 Ew/Haus) ergab sich in dieser Beziehung ein verhältnismäßig großer Segregationsschub.

Unter Berücksichtigung des in Bad Homburg sehr geringen Anteils türkischer Bevölkerung ist diese von der baujahrsbedingten Segregation doppelt so stark betroffen wie die anderen Ausländer. Unverkennbar ist allerdings der relativ gleichmäßige Anstieg beider Gruppierungen, der sich in Hanau nur einseitig vollzogen hat und auf die gesamtstädtische Disparität der ethnischen Zusammensetzung zurückzuführen ist.

Segregation in Abhängigkeit von der Geschosszahl wird auch am Beispiel Bad Homburgs deutlich. Die Verhältnisse gestalten sich hier jedoch nicht ganz so eindeutig, da zugunsten der Aussagefähigkeit lediglich auf die von der Anzahl her hinreichenden 6-7 und 8-9 geschossigen Hochhäuser zurückgegriffen werden konnte. Hierzu **Tabelle 2** (Werte für 1984 in Klammern):

Geschoß-zahl	Ausländer gesamt(%)	Türken(%)	übr. Aus-länder(%)	Behaus.-Dichte
06-07	15 (8)	4 (2)	11 (6)	72 (77)
08-09	20 (10)	8 (4)	12 (6)	90 (96)

Quelle: Eigene Berechnungen nach: Adressbücher Bad Homburg 1984 und 1994

Diese Ergebnisse decken sich mit denen Hanaus, insbesondere die Aussagen zur ethnischen Differenzierung. Das segregationsfördernde Element ist ganz offensichtlich die Wohnhochhausbevölkerung türkischer Nationalität.

3.2 Intraethnische Segregation von Hochhaus- und Nichthochhausbewohnern

Bisher beschäftigten wir uns mit dem Segregationsverhältnis verschiedener Ethnien. Im folgenden Abschnitt soll nun auch auf sogenannte „intraethnische“ Segregationsunterschiede eingegangen werden. Hierunter sind segregale Erscheinungsformen unter Hochhaus- und Nichthochhausbewohnern derselben Nationalität zu verstehen, die Aufschluss über deren räumliche Trennung nach dem Gebäudestrukturcharakter geben. **Diagramm 8** vermittelt die intraethnische Hochhausbewohnerstruktur Hanaus und Bad Homburgs:

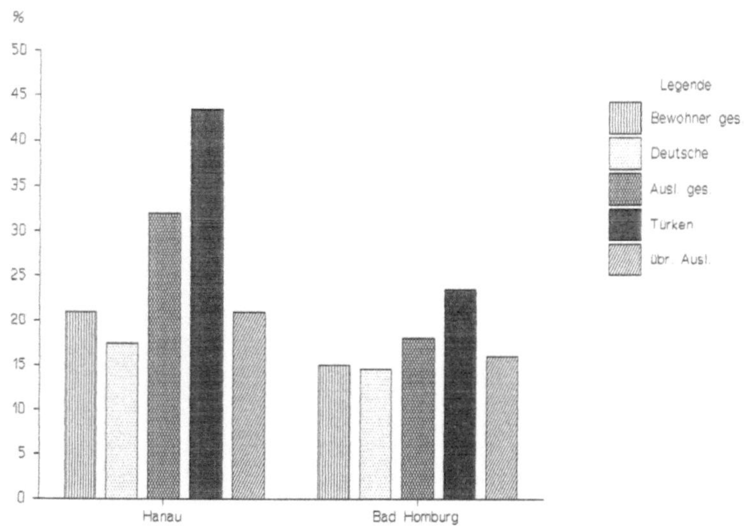

Quelle: Eigene Erhebungen und Berechnungen nach: Adressbücher Hanau und Bad Homburg 1994

Der Unterschied zwischen beiden Städten ist unverkennbar. Parallelen zeigen sieh bei Betrachtung der ethnospezifischen Differenzierung, die in Bad Homburg jedoch weniger große Differenzen aufweist. Die räumliche Verteilung der genannten Bewohnergruppen ohne ethnische Untergliederung gestaltet sich für Hanau in der Form, dass 1994 die höchsten Hochhausbevölkerungsanteile mit einem Maximalwert von 75% auf die Weststadt, gefolgt vom Freigerichtviertel (Einzelstandort) Lamboygebiet und dem entfielen. Dagegen verzeichneten die bei den nördlich gelegenen Gebiete mit 21-30% sowie die Stadtteile Wolfgang und Groß-Auheim (11-20%) deutlich geringere Anteilswerte (vgl. Abb. 12). Der entsprechende Segregationsindex lag bei 40,4 und zeigt somit ein verhältnismäßig großes räumliches Ungleichgewicht beider Bewohnergruppen auf.

Abb. 12:

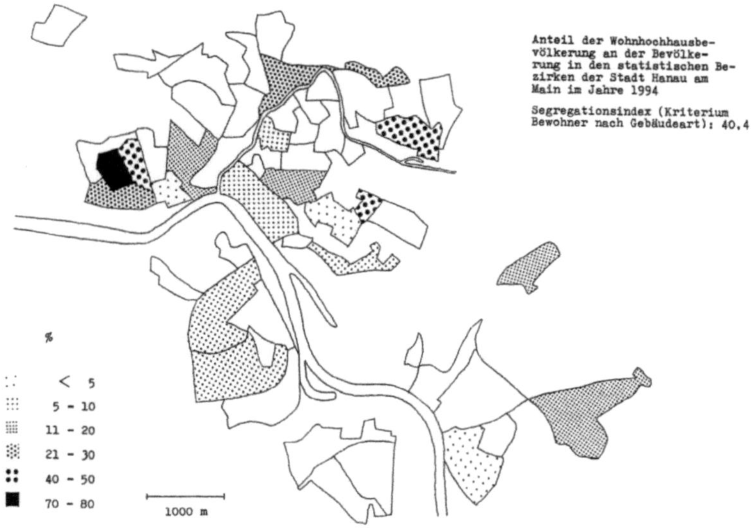

Quelle: siehe Abb. 10

Bad Homburg hatte mit einem Index von 32,4 ein ausgeglicheneres Verteilungsmuster aufzuweisen, wobei allerdings nochmals darauf hingewiesen werden muss, dass die errechneten Indizes aufgrund der unterschiedlichen Raumeinheiten beider Städte nur bedingt miteinander vergleichbar sind. In jedem Falle ist aber die Erkennbarkeit der Grundtendenz segregaler Disparitäten gegeben.

Bei der räumlichen Verteilung stachen zwei Bezirke hervor (vgl. Abb. 13): Mit 56% Hochhausbevölkerung stand das Gebiet im Südwesten Gonzenheims mit seinem geringfügigen Ausländeranteil vor dem dominanten Hochhaus- und Ausländerstandort Gartenfeldsiedlung (34%) an der Spitze dieser Standortdifferenzierung. Segregation findet somit auch unter dem Gesichtspunkt der Bewohneranteile nach dem Gebäudestrukturcharakter ihre Abbildung im Raum; die erwähnten intraethnischen Aspekte bedürfen deshalb der nachfolgenden Untersuchungen, welche den intraethnischen Segregationsgrad herausstellen.

Abb. 13:

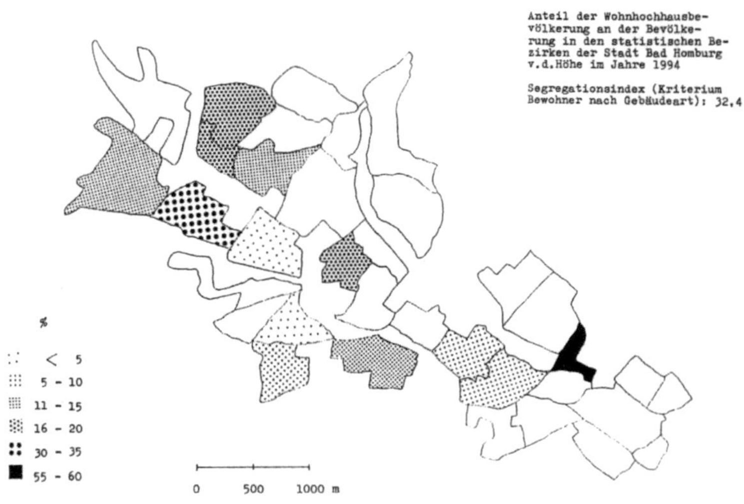

Quelle: siehe Abb. 11

Das Segregationsausmaß von ausländischen Hochhaus- und Nichthochhausbewohnern lag in Hanau mit einem

Index von 40,3 auf dem gleichen Niveau wie bei der Gesamtbevölkerung. Das Kriterium Bewohner nach Gebäudeart vermittelt signifikante Segregationsunterschiede und deutet auf ein wichtiges Element der Segregationsforschung hin. Ausländer untereinander sind in Hanau nach dieser Anschauungsweise räumlich in gleichem Umfang getrennt wie die deutsche Bevölkerung. Aus Abb. 14 gehen die betreffenden Konzentrationsschwerpunkte in der Weststadt, dem Tümpelgarten und dem nördlich davon gelegenen gewerbestrukturierten Gebiet sowie in den Stadtteilen Wolfgang und Groß-Auheim hervor.

Abb. 14:

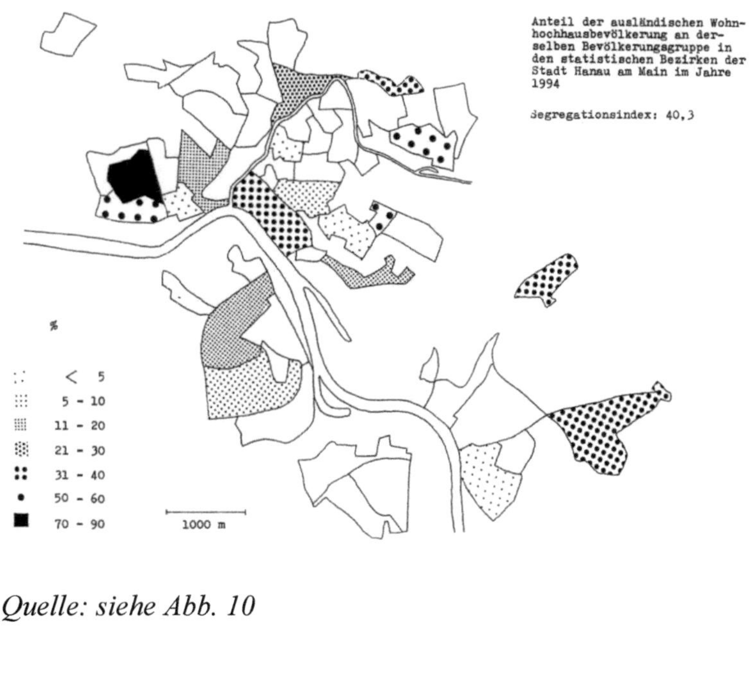

Quelle: siehe Abb. 10

Es handelt sich dabei ausnahmslos um die ausgeprägtesten Hochhausbezirke, in denen die intraethnischen Ausländeranteile durchweg höher liegen als die bei der Gesamtbevölkerung in Abb 12. Im Umkehrschluss sind lediglich zwei Innenstadtstandorte von geringeren Anteilswerten gekennzeichnet; dies ist ein Zeichen für den noch immer bestehenden hohen Ausländerbesatz in innerstädtischen Wohngebieten. Das gleiche gilt ebenso für Bad Homburg, wie aus den Abb. 13 und 15 hervorgeht. Der innerstädtische Hochhausbezirk weist, bezogen auf seine ausländischen Bürger, nur knapp 10% Hochhausbewohner auf, während dies im Falle der Gesamtbevölkerung immerhin 20% sind. Von den insgesamt 13 statistischen Bezirken mit Hochhausbestand haben bezüglich der ausländischen Wohnbevölkerung (Abb. 15) nur sechs Bezirke höhere Anteile als in Abb. 13 angegeben.

Abb. 15:

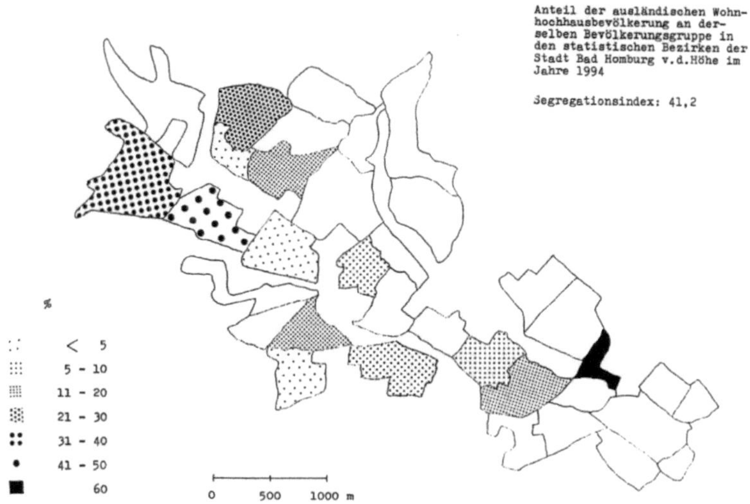

Quelle: siehe Abb. 11

Hierunter fallen insbesondere die zwei Hauptstandorte im Nordwesten (Gartenfeldsiedlung) und Südosten (Gonzenheim).

Unbedeutende Abweichungen konnten in vier, niedrigere Anteile in den drei restlichen Gebieten, darunter der genannte Innenstadtbezirk, festgestellt werden. Beim Vergleich der Ausländer mit der Gesamtbevölkerung wird für Bad Homburg ein höherer Segregationsgrad der erstgenannten Gruppe erkennbar, während in Hanau auf gesamträumlicher Ebene hierbei fast kein Unterschied zu ersehen ist. Diese Abweichung legt die Vermutung nahe, dass interethnische Raumstrukturen auch die intraethnische Segregation beeinflussen. Insofern ist abermals eine ethnische Differenzierung notwendig: Die aus Abb. 16 resultierende räumliche Verteilung der türkischen Hochhausbewohneranteile ergibt für Hanau einen Segregationsindex von 49,3.

Abb 16:

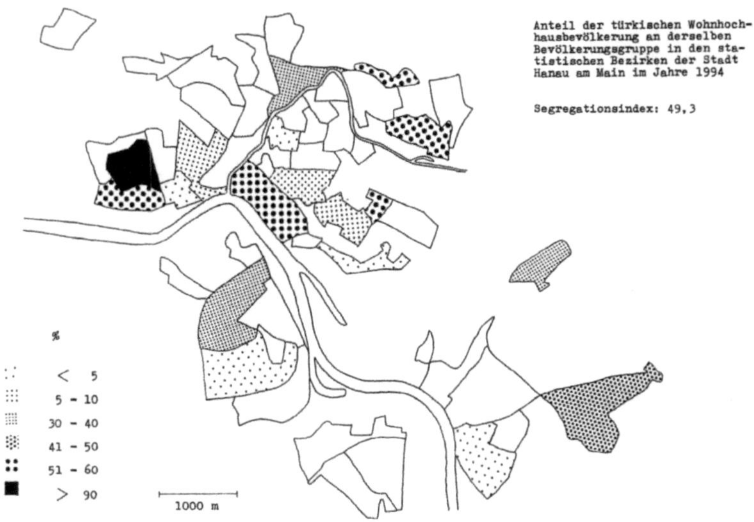

Quelle: siehe Abb. 10

Er lag damit über den oben errechneten, vergleichbaren Werten und wird durch hohe Extremwerte von mehr als 90% (Weststadt) bestätigt. In Anlehnung an solche Ergebnisse kommen unter Betrachtung einzelner statistischer Bezirke einige Besonderheiten zum Vorschein, die Rückkopplungen auf segregale Erscheinungsformen in Bezug auf Wohnhochhausstandorte erkennen lassen. Dies wird in besonderem Maße im Falle der statistischen Bezirke mit weniger konzentriertem Hochhausbestand deutlich. Im Wohngebiet Kinzdorf, südwestlich der Innenstadt, leben 60% aller Türken im einzigen Hochhaus dieses Bezirks. Ähnliche, wenn auch nicht ganz so krasse Verhältnisse finden sich im nördlichen Teil Steinheims (30%). Beide Werte liegen erheblich über denen der Gesamtbevölkerung und zeigen deutliche Segregationsunterschiede zu den fünf unterdurchschnittlich betroffenen Bezirken, also jenen mit vergleichsweise geringem türkischen Hochhausanteil, auf. Intraethnisehe Segregation vermittelt gewissermaßen ein spezifisches Bild von interethnischer Segregation, in unserem Fall der Polarisierung von Hochhausstandorten im Sinne eines entweder außerordentlich hohen oder niedrigen Ausländerbesatzes (vgl. Punkte 3.2.2 und 3.4). Insbesondere Einzelstandorte stehen sich im Falle der türkischen Hochhausbewohner Hanaus polarisierend gegenüber.

In Bad Homburg liegt der intraethnische türkische Segregationsindex mit 35,5 nur leicht über dem sämtlicher Hochhausbewohner, aber unter dem der gesamten ausländischen Hochhausbevölkerung. Im Gegensatz zu Hanau ist das hiesige Segregationsniveau in dieser Beziehung nicht nur moderater, sondern partiell sogar geringer ausgeprägt. Weitere Diskrepanzen sind auf kleinräumiger Ebene zu finden (vgl. Abb. 17). Nur einer der beiden dominanten Hochhausstandorte, die Gartenfeldsiedlung, hat im Vergleich zur Gesamtbevölkerung (Abb. 13) einen höheren Anteilswert. Auf den Bezirk in Gonzenheim mit seiner anders gewichteten ethnischen Struktur (vgl. Abb. 23 und 23 a) trifft hingegen genau das Gegenteil zu. Das gleiche gilt für vier weitere statistische Bezirke, unter ihnen (parallel zu den Hanauer Ergebnissen) der Innenstadtbereich. Die Einzelstandorte Bad Homburgs wirken in ihrer ganzheitlichen Tendenz zu höheren Anteilen weniger polarisierend und tragen somit zum homogeneren intraethnischen Segregationsbild der türkischen Hochhausbewohner bei.

Abb. 17:

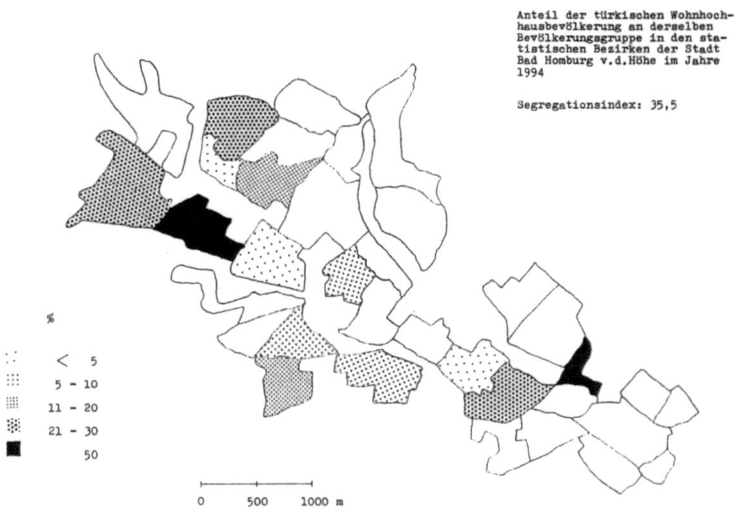

Quelle: siehe Abb. 11

Für die Gruppe der Ausländer ohne Türken ergibt sich für Hanau ein nur geringfügig unter dem türkischen Wert liegender Index von 47,6. Die aus Abb. 18 hervorgehende räumliche Verteilung zeigt aber prägnante Unterschiede zu den Abb. 14 und 16 auf. Im östlichen Weststadtbereich hat jene Gruppe lediglich 43% Hochhausbewohner an ihrer dortigen Gesamtbevölkerung, während die Türken dieses Bezirks zu etwa 99% praktisch gesamtheitlich in Hochhäusern leben. Ähnlich große Unterschiede bestehen in den meisten anderen statistischen Bezirken Hanaus, von denen der im Osten Groß-Auheims gelegene und das Gewerbemischgebiet im Norden als umfangreichere Hochhausstandorte herausragen. Auch hier liegen die Werte der restlichen Ausländer um das zwei- bis dreifache niedriger als bei den Türken. Das gleiche trifft auf den bereits erwähnten Bezirk Kinzdorf zu. An zwei weiteren Einzelstandorten, im Osten Kesselstadts und im Hauptbahnhofgebiet, sind gegenteilige Verhältnisse erkennbar. Die Einzelstandorte ergeben für Hanau auch in diesem Fall ein uneinheitlicheres segregales Standortgefüge als die dominanten Hochhausbezirke.

Abb. 18:

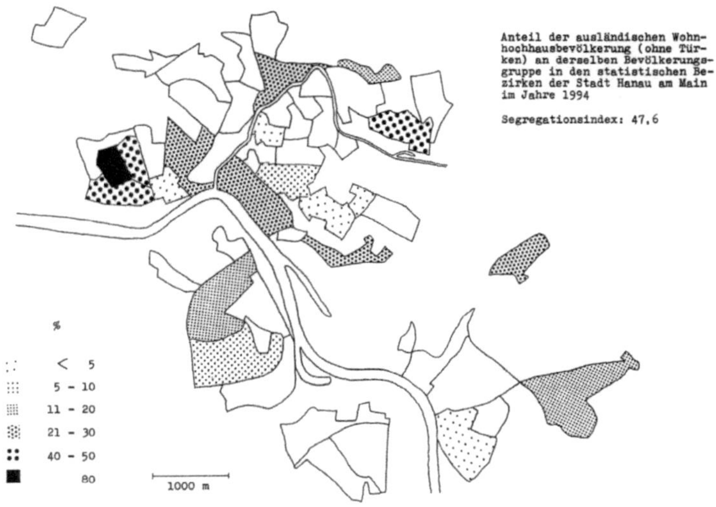

Quelle: siehe Abb. 10

Beide letztgenannten Gebiete bilden ganzheitlich gesehen eher Ausnahmen, stehen jedoch auch beispielhaft für die punktuelle Bevorzugung bestimmter ethnischer Gruppen bei der Vergabe von Wohnraum. Das heißt, dass einzelne Gebäude, in unserem Falle Wohnhochhäuser, ganz offensichtlich gezielten Steuerungsmechanismen seitens des privaten und öffentlichen Wohnungsmarktes unterliegen (vgl. Punkt 3.4).

Der intraethnische Segregationsindex dieser restlichen Ausländergruppe liegt in Bad Homburg mit 41,3 über dem entsprechenden Wert der türkischen Bewohner. Während hier wie in Hanau die innerstädtischen Hochhäuser geringere Anteile bei der Gruppierungen aufweisen (Vergleichsbasis: Abb. 12 und 13), kommen ansonsten wiederum ausgewogenere Verteilungsmuster zum Vorschein (vgl. Abb. 19). Raumrelevante Unterschiede zur türkischen Bevölkerung bestehen aber in recht erheblichem Umfang. Dies äußert sich weniger an den beiden Hauptstandorten Gartenfeld und Gonzenheim, deren Extremwerte mit 45% bzw. 64% auseinanderklaffen als vielmehr in Gebieten mit punktuellem Hochhausbestand.

Abb. 19:

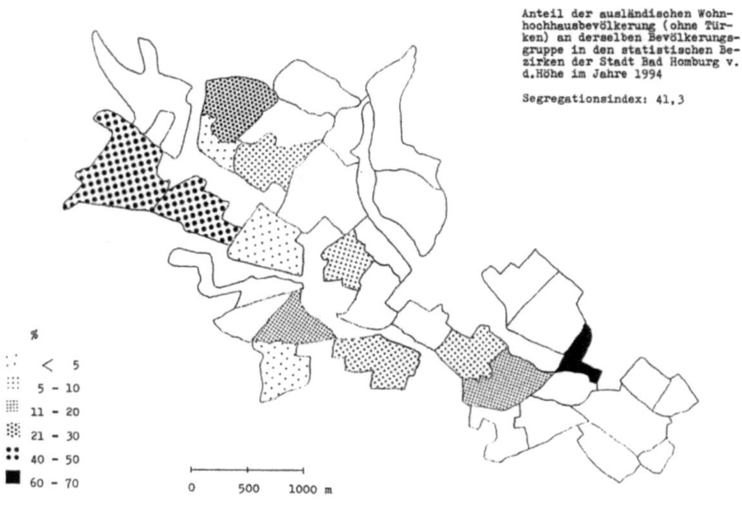

Quelle: siehe Abb. 11

Ein auffallend hoher Anteil (40% – Türken nur 23%) ist im nordwestlichen Bezirk zu finden, einem Wohngebiet, in dem nur 14% aller Bewohner in Hochhäusern leben. Umgekehrte Anteilsverhältnisse zwischen beiden Ausländergruppen beziehen sich auf die Gartenfeldsiedlung im Anschluss an diesen Bezirk sowie auf diverse Einzelstandorte. Diese Beispiele stehen stellvertretend für weitere Missverhältnisse in der einen oder anderen Richtung und verdeutlichen kleinräumige Segregationszustände in Bad Homburg. Auch und gerade diese segregale Erscheinungsform aus intraethnischem Blickwinkel fällt in Bad Homburg gemäßigter aus. Sie verdeutlicht zugleich aber auch hier bestehende interethnische Segregationsmuster.

3.3 Interethnisches Segregationsausmaß

3.3.1 Raum-zeitliche Veränderungen der Behausungsdichte von Wohnhochhäusern als Indikator für das interethnische Segregationsausmaß

In Punkt 3.1 klang das Abhängigkeitsverhältnis zwischen ethnischer Segregation und der Behausungsdichte im Hinblick auf das Gebäudealter bereits an. Diese Feststellung bestätigte sich jedoch nicht bei der untersuchten Variable Gebäudehöhe. Aus diesem Grund wird eine Untersuchung zur direkten Abhängigkeit der Behausungsdichte von den Ausländerkonzentrationen erforderlich (vgl. auch Punkt 3.4). Ein Blick auf die Entwicklung der Behausungsdichte von Wohnhochhäusern in Hanau zeigt, dass der durchschnittliche Dichtewert 1984 129 Ew/Haus betrug und bis 1994 auf 157 Ew/Haus angestiegen ist. In Bad Homburg hingegen fiel er im gleichen Zeitraum geringfügig von 100 auf 94 Ew/Haus. Für Hanau ergab sich 1984 ein Dissimilaritätsindex von 16,7 mit allerdings sehr großen Extremwertunterschieden (vgl. Abb. 20). Abgesehen von den statistischen Bezirken mit maximal zwei Gebäuden lagen die höchsten Werte (> 150-200 Ew/Haus) in Wolfgang und Groß-Auheim. Der Hochhausbezirk nördlich der Innenstadt entlang der Kinzig und das Tümpelgartengebiet waren im mittleren Dichtebereich zu finden. Es zeichneten sich somit räumlich eindeutig differenzierbare Verteilungsmuster ab, die nicht ohne weiteres auf die Größe der betreffenden Gebäude bzw. auf deren Anzahl an Wohneinheiten zurückzuführen sind. Die ethnische Bewohnerstruktur mit unterschiedlichen Haushaltsgrößen spielt hierbei eine ebenso große Rolle.

Abb. 20:

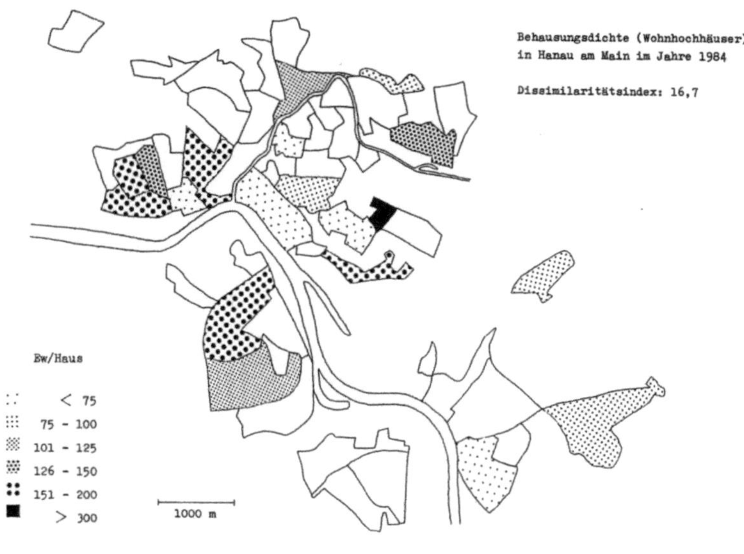

Quelle: Eigene Berechnungen nach: Adressbuch Hanau 1984

Dies wird bereits andeutungsweise bei Betrachtung der statistischen Bezirke mit Einzelstandorten von Hochhäusern und Dichtewerten unter 75 bzw. über 300 Ew/Haus erkennbar. Der letztgenannte Extremwert bezieht sich auf das zu über 90% von Türken bewohnte Hochhaus im Freigerichtviertel; in den meisten Gebieten mit niedrigen Werten wohnten, abgesehen von einer signifikanten Ausnahme, auf die noch eingegangen wird, fast gar keine Ausländer (vgl. Abb. 22).

Bis zum Jahre 1994 stieg der Dissimilaritätsindex der Hanauer Behausungsdichte auf 19,6. An den dominanten Hochhausstandorten erhöhten sich die Werte in der Weststadt, dem Tümpelgarten und insbesondere im nördlichen Gewerbemischgebiet (außerordentlich großer Zuwachs von Türken), während sie in Wolfgang und Groß-Auheim stagnierten (vgl. Abb. 20a). In all den genannte Bezirken kam es im gleichen Zuge zu erheblich vermehrten Ausländeranteilen (vgl. Abb. 22 und 22a).

Abb. 20a:

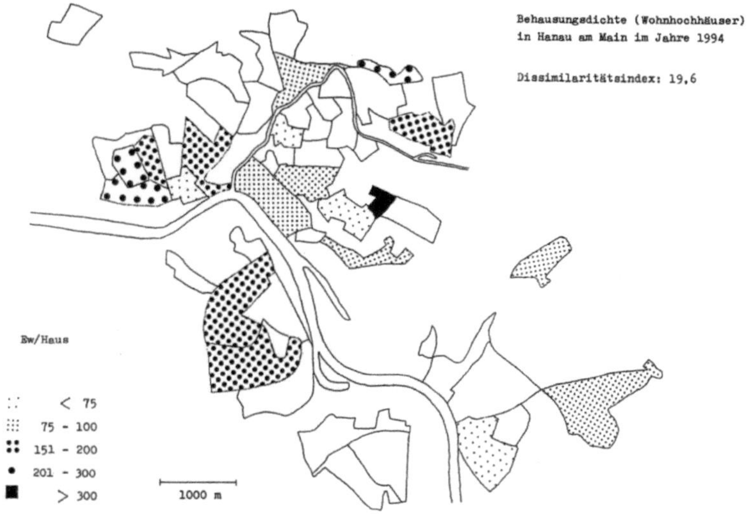

Quelle: Eigene Berechnungen nach: Adressbuch Hanau 1994

Gegen diesen Trend verlaufende Entwicklungstendenzen sind weniger in ausgeprägten Hochhausbezirken als vielmehr an Einzelstandorten konstatierbar.

Der Dissimilaritätsgrad der Bad Homburger Dichtewerte blieb zwischen 1984 und 1994 mit Indizes von 9,9 bzw. 10,4 fast unverändert und liegt weit unter dem Hanauer Niveau (Maximalwerte nur bis 150 Ew/Haus – vgl. Abb. 21 und 21a).

Abb. 21

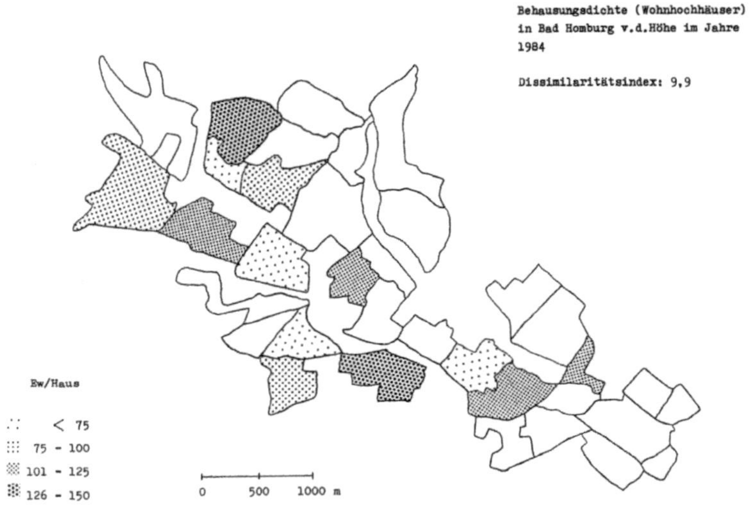

Abb. 21a:

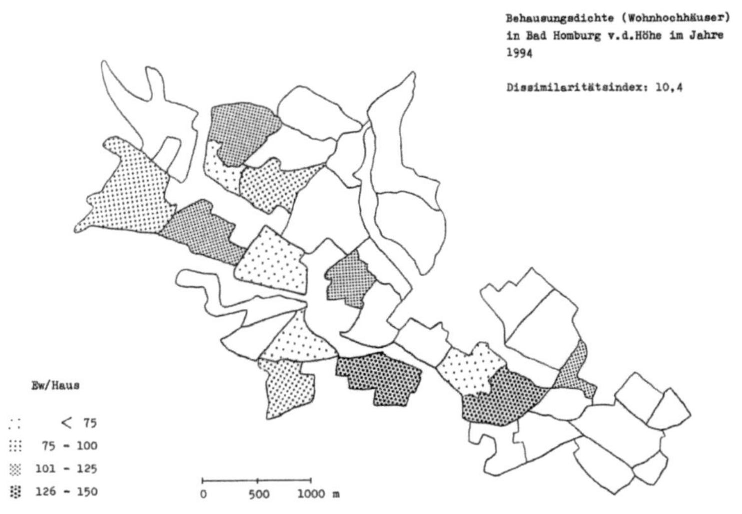

Quellen: Eigene Berechnungen nach: Adressbücher Bad Homburg 1985 und 1995

Temporäre Unterschiede ergaben sich lediglich in zwei statistischen Bezirken mit maximal drei Gebäuden. Das siebengeschossige Hochhaus im südöstlich des Stadtgebietes gelegenen Bezirk verzeichnete innerhalb des genannten Zeitraums einen Zuwachs von 30% bei annähernder Verdopplung des Ausländeranteils. Die Wohndichte der drei Gebäude des im Nordwesten befindlichen Bezirks verringerte sich hingegen um etwa 10%, während der Ausländeranteil ganz erheblich um 154% zunahm. Wir kommen somit auch in diesem Fall zu teilweise konträren Ergebnissen, die zwecks Überprüfung der Arbeitshypothese weiterer detaillierter Untersuchungen bedürfen.

3.3.2 Raum-zeitliche Veränderungen der ethnischen Bewohnerstruktur

In Kapitel 1, Punkt 1.4, wurde anhand von Diagramm 3 die ethnische Struktur bei der Städte dargestellt. Reduziert auf die Hochhausstandorte Hanaus ergaben sieh seit 1984 tief greifende strukturelle Veränderungen (vgl. Diagramm 9). Der ausländische Bewohneranteil stieg von 26,4% auf gegenwärtig 36,7%. Er liegt damit deutlich höher als in der Gesamtstadt. Die Türken sind gegenüber ihrem gesamtstädtischen Anteil um das 2,5-fache stärker vertreten; bei allen anderen Ausländern hingegen ist dieses Verhältnis etwa gleichgewichtet. Gemessen an der Zuwachsrate sind die türkischen Bewohner wiederum in gleichem Maße betroffen wie die restlichen Nationalitäten. Da sich die absolute Anzahl der deutschen Bewohner nur geringfügig erhöhte und der Hochhausbestand unverändert blieb, ist davon auszugehen, dass insbesondere die Wohnverhältnisse der Türken hinsichtlich der relativen Wohnungsgröße ungünstiger geworden sind.

Betrachtet man die kleinräumige Verteilung der Hochhausbewohner, so werden für 1984 ausgesprochen markante Segregationsmuster erkennbar: Sämtliche Ausländer waren zu diesem Zeitpunkt mit einem Segregationsindex von 57,4 von der deutschen Bevölkerung räumlich getrennt. Selbst der aggregierte Index, also die zusammengefassten Hochhausstandorte jedes statistischen Bezirks, lag mit 46,9% im hohen Bereich.

Diagramm 9: Ethnische Struktur der Hochhausbewohner in Hanau am Main [100% = 6833 (1984) bzw. 8330 (1994) Bewohner]

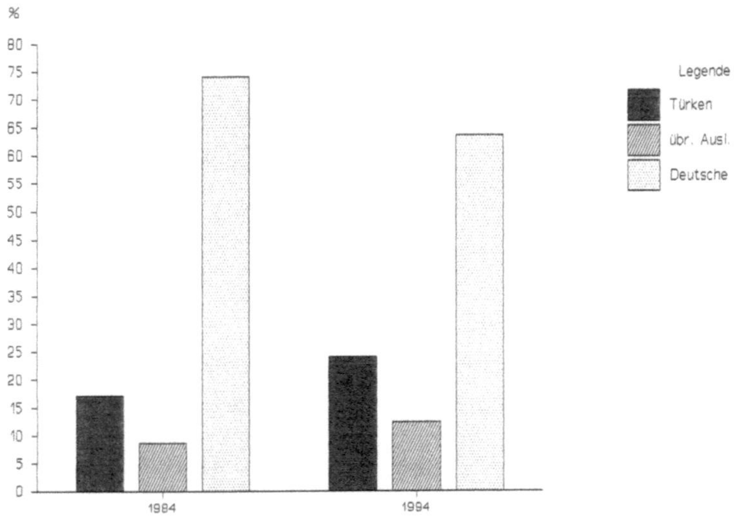

Quelle: Eigene Berechnungen nach: Adressbücher Hanau 1984 und 1994

Auch hier zeigen sich eklatante Unterschiede zwischen Türken und den übrigen Nationalitäten. Jene waren mit einem Index von 70,7 (aggregiert: 62,3) weitaus stärker segregiert als diese (38,9; aggregiert: 28,0). Aus Abb. 22 gehen die ethnisch polarisierten Hochhausstandorte hervor. Die südöstliche Peripherie der Innenstadt war durch türkische Bevölkerungsanteile von über 75% gekennzeichnet, während andere Gebiete wie Steinheim nur sehr geringe oder gar keine Türkenanteile aufwiesen. In einigen Bezirken (südliche Teile Steinheims und Groß-Auheims, östliche Bereiche Kesselstadts) lebten fast ausschließlich Deutsche. Es handelte sich dabei in den meisten Fällen um Einzelstandorte mit geringer Behausungsdichte.

Abb. 22:

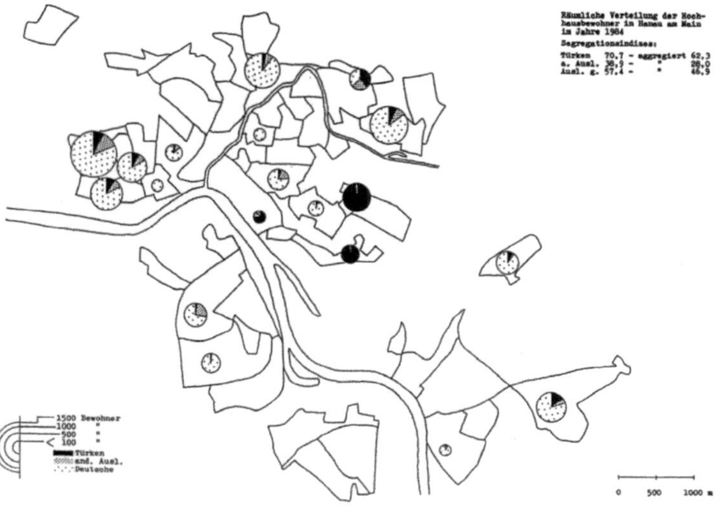

Quelle: Eigene Berechnungen nach: Adressbuch Hanau 1984

Die Ausländeranteile in den verdichteten Wohnhochhausgebieten der Weststadt und des Tümpelgartens waren untereinander relativ ausgewogen und lagen unter dem Durchschnitt des Gesamtraumes der Hochhausbezirke.

Bis 1994 verringerten sich die Segregationsindizes bei gleichzeitigem Anstieg des Ausländeranteils der Hochhausbewohner. Der Gesamtindex fiel auf 44,8 (aggregiert 39,1); das Missverhältnis zwischen Türken und übrigen Ausländern blieb jedoch unverändert. Abb. 22a ist zu entnehmen, dass die einzelnen Anteilszuwächse auf kleinräumiger Ebene auch unter ethnospezifischen Gesichtspunkten sehr differenziert verteilt sind. Dies wird am Beispiel der Weststadt deutlich, deren Hochhausdomizil mit überwiegendem Bestand des freien Wohnungsmarktes in besonderem Maße vom Ausländerzustrom, der sich auf beide Gruppen recht gleichmäßig verteilt, betroffen ist. Im Gegensatz dazu unterlag der südliche Weststadtbereich mit hohem Sozialwohnungsbestand einem eher unterschwelligen Zuwachs (vgl. Punkt 3.5).

Abb. 22a:

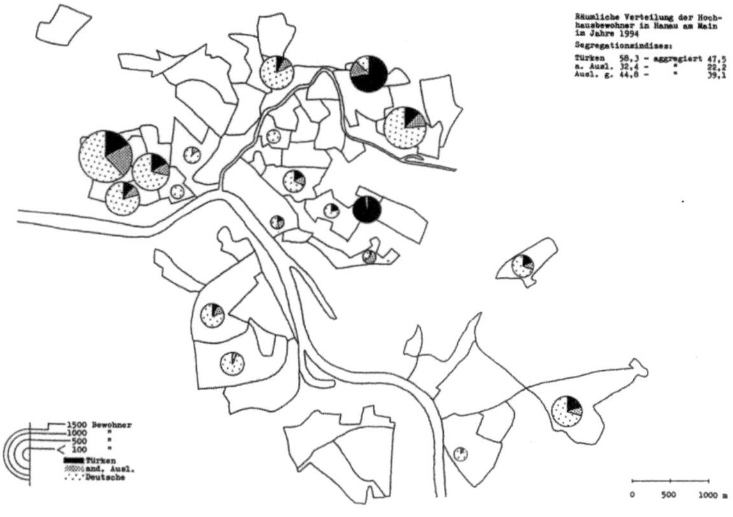

Quelle: Eigene Berechnungen nach: Adressbuch Hanau 1994

Zum zwar gefallenen, aber noch immer sehr hohen Segregationsausmaß sei auf drei weitere Sachverhalte hingewiesen, die die räumliche Entwicklung charakterisieren:

Die beiden Hochhausstandorte ohne jeglichen Ausländeranteil wurden auch 1994 ausschließlich von Deutschen bewohnt und weisen eine ausgesprochen gute Bausubstanz auf;

der Standort mit dem im Vergleich zu den anderen Ausländern signifikantesten Anstieg türkischer Bewohner befindet sich am unmittelbaren Rand eines ausgedehnten Industrie- und Gewerbegebietes und ist durch marode Bausubstanz seiner Hochhäuser gekennzeichnet;

im umgekehrten Fall der deutlichen Verringerung türkischer Bewohneranteile in Hauptbahnhofnähe handelt es sich um die in Punkt 3.3.1 angesprochene Ausnahme eines ehemaligen Männerwohnheims der Firma Dunlop, das nach 1984 infolge Eigentumsübergangs an die Baugesellschaft Hanau in Sozialwohnungen umgewandelt wurde. Hier ist ein prägnantes Beispiel für die Ursachen ethnischer Segregationserscheinungen und die Möglichkeit der latenten Einflussnahme auf die Bewohnerstruktur durch städtisch beeinflusste Wohnungsbaugesellschaften erkennbar.

Diagramm 10 ist die ethnische Struktur der Hochhausbewohner in Bad Homburg zu entnehmen [100% = 3520 (1984) bzw. 3283 (1994) Bewohner]:

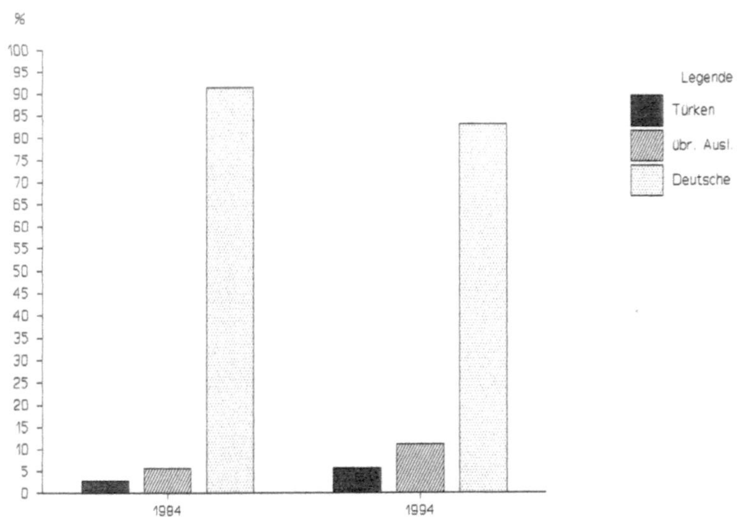

Quelle: Eigene Berechnungen nach: Adressbücher Bad Homburg 1985 und 1995

Der Ausländeranteil verdoppelte sich seit 1984 auf 16,8%, obgleich, im Gegensatz zu Hanau, die absolute Bewohnerzahl sogar leicht sank. Auch in Bad Homburg blieb die jeweilige Steigerungsrate beider Ausländergruppen etwa gleich hoch, wobei die Türken auf Ebene sämtlicher Hochhäuser unter-, die übrigen Ausländer stark überproportional vertreten sind.

Die Raumverteilung im Jahre 1984 ergab aufgrund des im Vergleich zu Hanau geringfügigen Anteils insbesondere der türkischen Bevölkerung ein eher diffuses Bild, das unter Berücksichtigung der Segregationsindizes große Disparitäten erkennen lässt (vgl . Abb. 23): Der Wert für alle Ausländer lag mit 39,6 (aggregiert: 29,8) zwar weit unter dem Hanaus, war aber für Bad Homburger Verhältnisse relativ hoch. Untergliedert in beide Ausländergruppen ergab sich dort mit Werten von 60,7 und 35,4 (aggregiert: 49,2 und 22,8) ein ebenso gewaltiger Unterschied, der das wesentlich höhere Segregationsniveau der Türken bestätigt.

Die Gartenfeldsiedlung als konzentriertester Hochhausstandort wies, abgesehen von einem Einzelstandort, den höchsten Anteil ausländischer Bewohner auf, von denen die Türken überproportional vertreten waren. In den anderen Hochhausbezirken zeigten sich unterschiedliche Strukturen, die zum Segregationsausmaß beitrugen: Der Bereich südöstlich Gonzenheims mit seiner exponierten Lage inmitten eines gepflegten Wohnumfeldes wurde vermehrt von Angehörigen nichttypischer Gastarbeiternationen (Briten, Amerikaner etc.) bewohnt. Im Gegensatz dazu waren Hochhausstandorte an verkehrsreichen Hauptstraßen wie im Falle der Innenstadt oder des Gebäudes südlich davon (Schnittpunkt Urseler Straße/Hessenring) durch hohe (typische) Gastarbeiteranteile gekennzeichnet.

Mit einer Ausnahme verzeichneten bis 1994 alle Hochhausbezirke unterschiedliche Zuwachsraten ausländischer Bevölkerung (vgl. Abb. 23a). Am deutlichsten betroffen ist das bausubstantiell vernachlässigte Gebiet im Norden Bad Homburgs mit annähernd proportionaler Anteilserhöhung beider ethnischer Gruppen. Das gleiche gilt auch für die Gartenfeldsiedlung, während im Innenstadtbezirk bei allgemeinem Zuwachs der türkische Anteil abnahm.

Abb. 23:

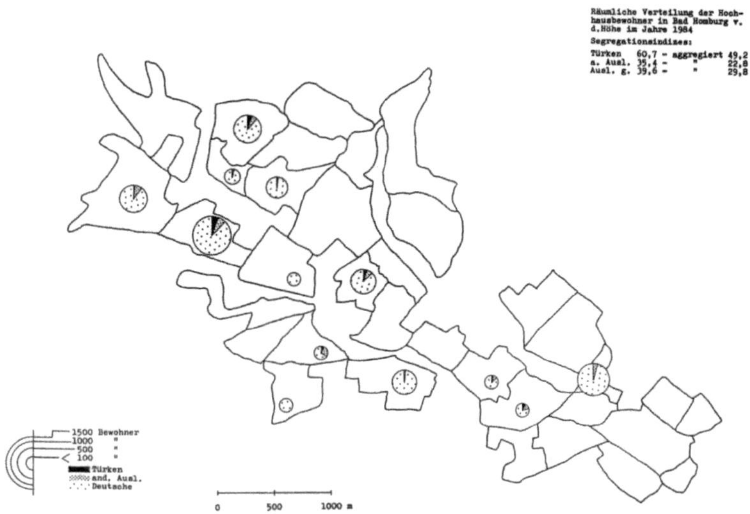

Quelle: Eigene Berechnungen nach: Adressbuch Bad Homburg 1985

Unter diesen Gesichtspunkten kann durchaus von einer Verlagerung zu den bereits 1984 dominanten Wohnhochhausgebieten, gesprochen werden, die auf Sogwirkungseffekte zurückzuführen ist. Dass sich in Bad Homburg jedoch auch Verlagerungstendenzen in vor zehn Jahren von Ausländern kaum frequentierten Bezirken wie Gonzenheim oder nordwestlich der Innenstadt vollzogen, ist als Anzeichen für das Fortschreiten ausgeglichenerer Segregationsverhältnisse zu werten. Darauf deuten auch die nicht mehr ganz so weit auseinanderliegenden Segregationsindizes der Türken (51,8; aggregiert: 43,9) und der restlichen Ausländer (39,9; aggregiert: 22,8) hin. In beiden Städten ist das rückläufige Segregationsniveau an Hochhausstandorten in erster Linie auf das flächendeckende Vordringen türkischer Bevölkerung zu beziehen, deren Indizes trotz des noch immer signifikanten Unterschieds zur übrigen Ausländergruppe immens zurückgegangen sind. Dieses ethnospezifische Missverhältnis des Segregationsgrades bestätigt die Untersuchungsergebnisse für sämtliche Einwohner der statistischen Bezirke Hanaus und Bad Homburgs (vgl. Kapitel 2).

Abb. 23a:

Quelle: Eigene Berechnungen nach: Adressbuch Bad Homburg 1995

3.4 Korrelation der Variablen Behausungsdichte und Ausländeranteile

In Anlehnung an Kapitel 2 (Punkt 2.2) soll nachfolgend ein kurzer Abriss zur Abhängigkeit der Ausländeranteile von der entsprechenden Behausungsdichte an Hochhausstandorten gegeben werden. Betrachtet man die Situation im Rahmen der oben definierten, intraethnischen Anteile, so bleibt festzustellen, dass in Hanau bei den Ausländern ohne Türken mit einem Korrelationskoeffizienten von 0,13 so gut wie kein Zusammenhang besteht. Ganz anders der tür-

kische Korrelationswert: Dieser weist einen Koeffizienten von 0,53 auf und deutet das Abhängigkeitsverhältnis bei der Variablen zumindest an. Nach der Regressionsgeraden nimmt der Anteil der türkischen Hochhausbewohner an der gesamten türkischen Bevölkerung eines statistischen Bezirks um 1,65% je +10 Ew/Haus zu.
In Bad Homburg ist die Intensität dieses Zusammenhangs bezüglich der Türken etwa gleichermaßen ausgeprägt wie in Hanau, während man bei den übrigen Ausländern mit 0,33 von keiner nennenswerten Korrelation sprechen kann (vgl. Tabelle 3). Bemerkenswert ist allerdings der höhere türkische Regressionskoeffizient Bad Homburgs 1994, der gegenüber Hanau stärkere intraethnische Anteilszunahmen mit steigenden Dichtewerten und somit die Segregation der Ausländer untereinander belegt. Diese Abweichung des ansonsten in jeder Beziehung geringeren Segregationsausmaßes in Bad Homburg stellt jedoch eine Ausnahme dar.

Das Abhängigkeitsverhältnis von interethnischen Hochhausbewohneranteilen und der Behausungsdichte wird ebenfalls durch Tabelle 3 verdeutlicht. Daraus geht hervor, dass ausschließlich bei der türkischen Bevölkerung mit Korrelationskoeffizienten über 0,5 von einem Zusammenhang beider Variablen ausgegangen werden kann. Traf dies 1984 noch lediglich auf Hanau in aggregierter Form zu, so ist gegenwärtig, mit Ausnahme Bad Homburgs im Falle sämtlicher Einzelhochhäuser, eine höhergradige Abhängigkeitsintensität bei den Türken unverkennbar. Diese nahm bis 1994 in jeder Beziehung zu, wobei in Hanau deutlich höhere Werte festzustellen sind als in Bad Homburg. Das gleiche gilt für die Regressionskoeffizienten als

Indikatoren der Form des Zusammenhangs, deren Steigungsmaße türkische Anteilszunahmen bis maximal 2% je 10 Ew/Haus Dichtezuwachs (Hanau) zum Ausdruck bringen.

Tabelle 3: Regressions- und Korrelationskoeffizienten des Zusammenhangs zwischen Hochhausbewohneranteilen und Behausungsdichtewerten

Koeff.	IE HU	IE HG	IEA HU	IEA HG	IAA HU	IAA HG
RT 84	0,1	0,008	**0,208**	0,013	--	--
RA 84	-0,001	-0,016	-0,014	-0,083	--	--
KT 84	0,33	0,11	**0,58**	0,14	--	--
KA 84	-0,009	-0,14	-0,16	-0,39	--	--
RT 94	**0,105**	0,038	**0,202**	**0,079**	**0,165**	**0,281**
RA 94	0,001	0,003	-0,024	0,043	0,027	0,191
KT 94	**0,56**	0,31	**0,83**	**0,53**	**0,53**	**0,55**
KA 94	0,07	0,019	-0,19	-0,15	0,13	0,33

Quelle: Eigene Erhebungen und Berechnungen nach: Adressbücher Hanau 1984/94 und Bad Homburg 1985/95

IE HU/HG: Interethnische Koeffizienten Hanau (n=57)/Bad Homburg (n=35);
IEA HU/HG: Aggregierte interethnische Koeffizienten Hanau (n=19)/Bad Homburg (n=13);
IAA HU/HG: Aggregierte intraethnische Koeffizienten Hanau (n=19)/Bad Homburg (n=13);
RT 84/94: Regressionskoeffizient Türken 1984/94

RA 84/94: Regressionskoeffizient übrige Ausländergruppe 1984/94;
KT 84/94: Korrelationskoeffizient Türken 1984/94;
KA 84/94: Korrelationskoeffizient übrige Ausländergruppe 1984/94.

Signifikante Werte sind **fett** hervorgehoben.

Wie bereits angedeutet, erübrigen sich derartige Aussagen zur Ausländergruppe ohne Türken, da die betreffenden Korrelationswerte durchweg sehr niedrig liegen. Um so mehr wird der segregale Unterschied beider Ausländergruppen vor dem Hintergrund dieses Variablenzusammenhangs auch am Beispiel der Wohnhochhausstandorte herausgestellt.

4. ETHNISCHE SEGREGATION IM GEFÜGE DES SOZIALEN UND FREIEN WOHNUNGSMARKTES

Ein weiterer Faktor ethnischer Segregationsmuster ist in den Mechanismen des sozialen und freien Wohnungsmarktes zu finden. Dies soll am konkreten Beispiel Hanaus verdeutlicht werden, da hier insbesondere die Sozialwohnungen des Hochhausbestandes weitaus mehr Einheiten umfassen als in Bad Homburg und somit objektiviertere Aussagen ermöglicht werden.

Diagramm 11: Anteile der Hanauer Hochhausbewohner in Sozialwohnungen

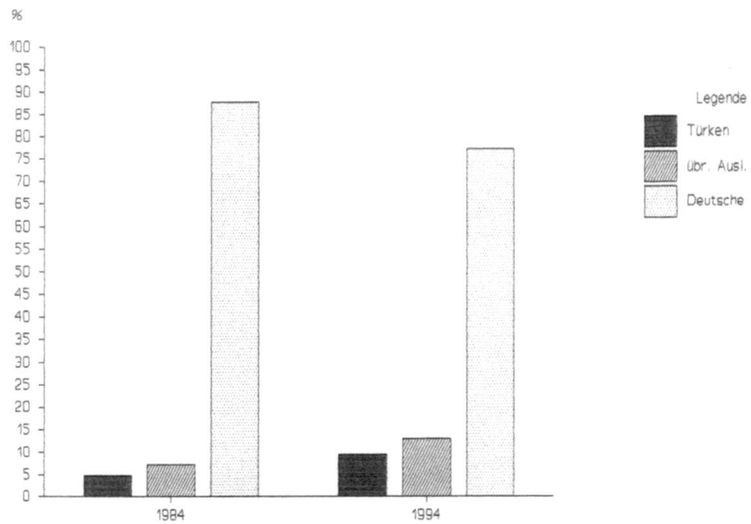

Quelle: Eigene Berechnungen nach: Adressbücher Hanau 1984 und 1994

Zunächst ist festzustellen, dass die Standortschwerpunkte der Sozialwohnungen in Hochhäusern in den dominanten Wohnhochhausbezirken der Weststadt, des Tümpelgartens und des Gebietes nördlich und südlich der Innenstadt lokalisiert sind, während Groß-Auheim, Wolfgang, Steinheim, der Bezirk des Gewerbegebietes Hanau-Nord und fast alle Einzelstandorte privaten Bestandscharakter haben. Hierbei überwiegt der freie Wohnungsmarkt (Bewohnerverhältnis 1994: 1:3, davon Türken: 1:9; 1984: 1:2, davon Türken: 1:11).

Diagramm 11a: Abweichungen der Hanauer Hochhausbewohneranteile (Sozialwohnungen) vom jeweiligen Anteil einer ethnischen Gruppe an allen Hochhausbewohnern dieser Gruppe

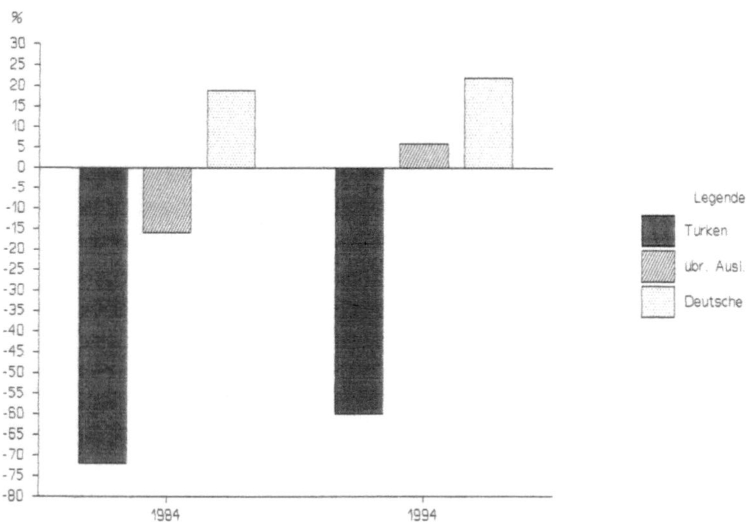

Quelle: Eigene Berechnungen nach: Adressbücher Hanau 1984 und 1994

Der Ausländeranteil im sozialen Wohnungsbau nahm zwischen 1984 und 1994 bei gleichzeitigem Rückgang der deutschen Bewohner zu (vgl. Diagramm 11). Sowohl Türken als auch die übrigen nichtdeutschen Ethnien fanden bei der Vergabe solcher Sozialwohnungen größere Berücksichtigung. Diese Aussage relativiert sich allerdings, wenn die Anteile der untersuchten Gruppen auf die gesamte Hochhausbevölkerung bezogen werden (vgl. Diagramme 9 und 11a). Hiernach kommt der tatsächliche Unterschied zu den deutschen Bewohnern zum Ausdruck, deren Anteil aus dieser Sichtweise ebenfalls angestiegen ist. Deutlich wird auch die ganz offensichtliche Benachteiligung der Türken gegenüber der restlichen Ausländergruppe, mithin ein Anzeichen für erzwungene Segregation. Die Standorte des untersuchten Sozialwohnungsbestandes weisen darüber hinaus ein recht weites Polarisationsspektrum auf, dessen Extremwerte Ausländeranteile zwischen 0% (Einzelstandort) und annähernd 50% (verdichteter Wohnhochhausstandort) erreichen.

Diagramm 12: Anteile der Hanauer Hochhausbewohner in Wohnungen des freien Marktes

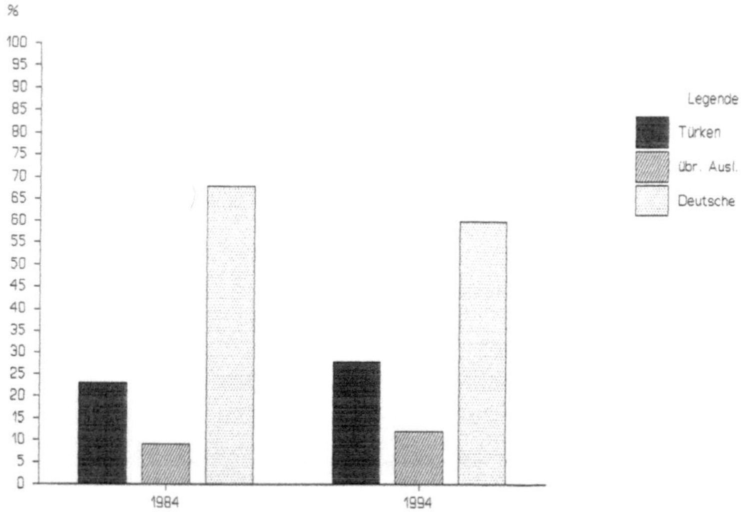

Quelle: siehe Diagramm 11

Der freie Wohnungsmarkt ist dagegen durch eine wesentlich ausgeprägtere Polarisierung der Ausländeranteile von 0% bis nahezu 100% mit Einzelstandorten im extrem hohen Anteilsbereich gekennzeichnet. Ethnische Segregation, aufgrund der Marktmechanismen teils erzwungen, im Falle der Türken, die praktisch ausschließlich von den hohen Extremwerten betroffen sind, partiell auch freiwillig, kommt hiermit in noch weitaus größerem Umfang zum Vorschein. Diagramm 12 weist wie im sozialen Wohnungsbau (vgl. Diagramm 11) temporäre Anteilszuwächse bei den Ausländern und eine Abnahme im Falle der deutschen Bewohner auf; jene sind jedoch im Vergleich zu diesen verhältnismäßig stärker vertreten, wobei die Türken deutlich höhere Anteilswerte aufweisen als die übrigen Ausländer.

Diagramm 12a: Abweichungen der Hanauer Hochhausbewohneranteile (freier Wohnungsmarkt) vom jeweiligen Anteil einer ethnischen Gruppe an allen Hochhausbewohnern dieser Gruppe

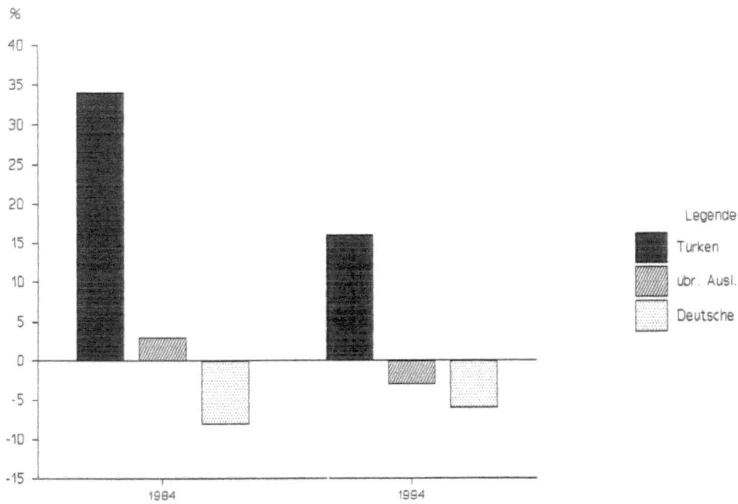

Quelle: siehe Diagramm 11a

Bei Betrachtung der Anteilsabweichungen zur jeweiligen Hochhausgesamtbevölkerung einer Ethnie ergibt sich gegenüber der Sozialwohnungen ein völlig konträres Bild (vgl. Diagramme 12a und 11a). Im Verlauf der letzten zehn Jahre sind zwar Ausgleichstendenzen eingetreten, der Unterschied zwischen den einzelnen Bewohnergruppen kommt aber auch gegenwärtig noch klar zur Geltung.

Die Raumwirksamkeit dieser Segregationserscheinungen auf dem privaten Wohnungssektor äußert sich in der völlig verschieden gearteten Standortwertigkeit (Bausubstanz, Lagegunst) der einzelnen anteilskonträren Hochhäuser. Sie bietet den primären Ansatzpunkt zu sozial verträglichen Ausgleichsbemühungen, die jedoch im Vergleich zu den räumlichen Harmonisierungsmöglichkeiten des sozialen Wohnungsmarktes infolge der Unabwägbarkeit menschlicher Verhaltensweisen (subjektives Vermieterverhalten, Freiwilligkeit ethnischer Konzentration) ungleich schwerer zu handhaben sind.

In Hanau am Main kristallisieren sich je zwei Standorte des sozialen und freien Wohnungsmarktes mit relativ hohen Ausländeranteilen heraus (vgl. Abb. 24). Anhand dieser Fallbeispiele soll nun auf die näheren Hintergründe derartiger Entwicklungen eingegangen werden.

4.1 Sozialer Wohnungsmarkt

4.1.1 Standort Weststadt

In der Weststadt sind zwei Gebäude mit weit überdurchschnittlichen, jedoch unterschiedlich strukturierten Werten vorhanden. Es handelt sich dabei einerseits um ein 1968 vom Nassauischen Heim errichtetes Hochhaus mit einem Türkenanteil von 22% (übrige Ausländer: 17%) und andererseits um eines aus dem Jahre 1972 (Baugesellschaft Hanau) mit lediglich 12% türkischen, aber 35% anderen ausländischen Bewohnern. 1984 lagen diese Werte bei etwa gleicher Relation um das Vier- bzw. Dreifache niedriger. Solch ein gewaltiger Unterschied innerhalb von nur zehn Jahren verdeutlicht die ethnische Segregationsproblematik auf dem Gebiet des sozialen Wohnungsmarktes in recht anschaulicher Weise.

Abb. 24:

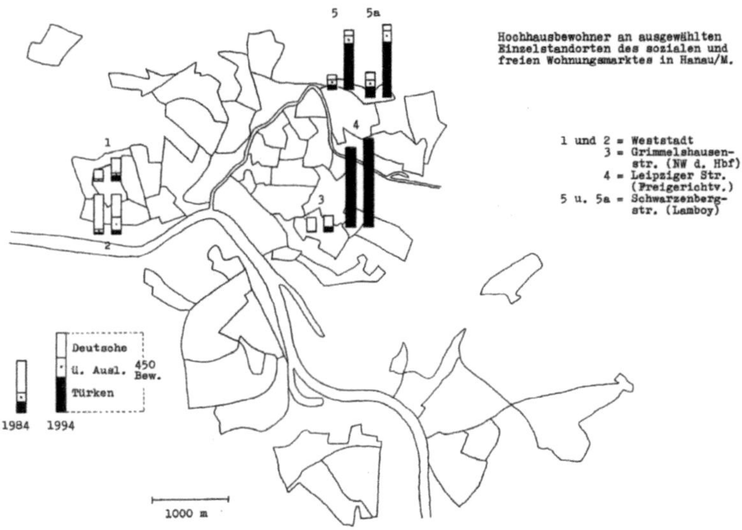

Quelle: Eigene Berechnungen nach: Adressbücher Hanau 1984 und 1994

Die Ursachen dieser Entwicklung sind in den speziellen Verteilungsmechanismen des sozialen Wohnungsmarktes zu finden: Nach dem Wohnungsbindungsgesetz schlägt eine Kommune drei registrierte Bewerber vor, und die betreffende Siedlungsbaugesellschaft als Vermieter wählt einen davon aus. Im konkreten Fall der Stadt Hanau sind 56% der rund 2000 Wohnungssuchenden Ausländer, davon knapp zwei Drittel Türken. Es handelt sich hierbei überwiegend um Arbeiter, Arbeitslose und Sozialhilfeempfänger. Pro Jahr kommen allerdings lediglich 100 Vermittlungen zustande (Herr Link, Wohnungsamt Stadt Hanau 11/96).

Da kein zwingend bindender Richtlinienkatalog zur (ethnischen) Quotenregelung existiert, wird versucht, eine bestimmte Quote einzuhalten, die die Kommunen praktisch nach eigenem Gutdünken festlegen (Herr Link, s.o.). Vor diesem Hintergrund verfügen die Entscheidungsträger einer Gemeinde über umfangreiche Möglichkeiten zur Steuerung ethnischer Strukturen auf dem sozialen Wohnungsmarkt, der den Segregationsgrad auf klein-, mittel- und großräumiger Ebene entscheidend mitbestimmt.

Auch die beiden genannten Hochhäuser in der Weststadt unterliegen diesen Steuerungsmechanismen; hinsichtlich ihrer unterschiedlichen ethnischen Zusammensetzung sind zwei wesentliche Faktoren ausschlaggebend:

1. Die Wohnungen beider Gebäude werden von zwei verschiedenen Siedlungsbaugesellschaften vermietet und verwaltet, welche mit der Stadt Hanau differenzierte Abmachungen zu den ethnischen Verteilungskriterien vereinbart haben. Der Bewerberkreis kann beispielsweise auf lediglich einen Vorschlag begrenzt werden, wodurch die Belegungsmöglichkeiten von vornherein eingeengt sind. Hinzu kommt, dass die Stadt Hanau Vorschläge einer Siedlungsbaugesellschaft, deren Aufsichtsratsvorsitzender oftmals ein städtischer Vertreter ist, durchaus auch akzeptiert. Je nach Interessenlage und kritischer Einstellung des vermietenden Unternehmens zur ethnischen Quoten-

bildung bedingt diese Konstellation differenzierte ethnische Konzentrationsprozesse wie im Falle der bei den genannten Hochhäuser. Die Wohnungen des Gebäudes mit dem höheren Anteil türkischer Bewohner werden vom Nassauischen Heim vermietet, die des anderen von der Baugesellschaft Hanau. Der erstgenannte Vermieter verhielt sich in den vergangenen Jahren eher indifferent gegenüber der Bewerberauswahl, letzterer legte hingegen kritischere Maßstäbe an (Herr Link, s. o.).

2. Die Mietpreise richten sich in erster Linie nach den Fremdfinanzierungen, die, entsprechend der Konjunkturlage, mit unterschiedlich hohen Zinssätzen versehen sind. Daneben üben Modernisierungsmaßnahmen Einfluss auf die Miethöhe aus, während Instandhaltungskosten Erhöhungen der Umlagen bedingen. Da das Zinsniveau der konjunkturellen Entwicklung folgt, kann die ethnische Bewohnerzusammensetzung nicht unmittelbar vom Gebäudealter abhängen. Es muss vielmehr von Einzelfall zu Einzelfall differenziert werden. Die Türken stellen, gemessen an ihrem Bevölkerungsanteil, das mit Abstand größte Bewerberpotenzial für Sozialwohnungen dar und zählen relativ gesehen zu den einkommensschwächeren Bevölkerungsschichten. Mit DM 7.- pro qm Wohnfläche liegt der Grundmietpreis in dem Gebäude mit dem geringeren Türkenanteil über dem des anderen Hochhauses (DM 6,50).

Ethnische Konzentrationen und daraus resultierende Segregationsmuster finden somit unter den beiden genannten

Gesichtspunkten ihre Abbildung im Raum, wobei der zweite Faktor eher ergänzend zum subjektiven Verhalten von Siedlungsbaugesellschaften steht.

4.1.2 Standort Grimmelshausenstraße

Der Standort Grimmelshausenstraße (Baujahr 1964) wird ebenfalls vom Nassauischen Heim vermietet und ist wie das Gebäude in der Weststadt durch einen Grundmietpreis von DM 6,50 gekennzeichnet. Es handelt sich um relativ kleine und einfache Wohnungen, die von Deutschen kaum mehr angenommen werden (Herr Link, s. o.). Diese Faktoren lassen auf den seit 1984 von 0% auf 31% gestiegenen Anteil türkischer Bewohner schließen (übrige Ausländer jeweils 0%). Zu berücksichtigen ist hierbei die räumliche Lage im Stadtteil Südost, der mit 27,6% den weitaus höchsten Anteil türkischer Bewohner aufweist und in dem sich der nachfolgend noch näher zu untersuchende Standort Leipziger Straße 30, ein ethnisch-sozialer Brennpunkt des freien Wohnungsmarktes, befindet. Bei der Steuerung ethnischer Verteilung kommt im Falle des oben genannten Sozialwohnungsstandortes dem bevölkerungsspezifischen Lagefaktor, der in hohem Maße von den Verhaltensweisen privater Investoren und Anbieter abhängig ist, ganz offensichtlich große Bedeutung zu.

4.2 Freier Wohnungsmarkt

4.2.1 Standort Leipziger Straße

Das Hochhaus in der Leipziger Straße 30 wurde 1970 mit Finanzmitteln der Helaba zu Beginn der Ära Albert Osswald errichtet und nach Bezugsfertigstellung vorwiegend von Deutschen und Amerikanern bewohnt. Die verhältnismäßig kleinen Wohneinheiten waren ursprünglich für Einzelpersonen oder kinderlose Ehepaare gedacht. Aufgrund starker Mieterfluktuation und sukzessiver Wohnungsakzeptanz der Erstbewohner kam das Gebäude in der zweiten Hälfte der 70er Jahre in die Konkursmasse, um 1982 von einem Berliner Immobilienmakler übernommen zu werden. Dieser musste infolge beabsichtigter, jedoch gescheiterter Mietvertragsänderungen das Haus abermals in die Konkursmasse geben. Als reines Spekulationsgeschäft wurden die kleinen, unattraktiven und vergleichsweise teuren (1980: DM 800.- für 48 qm Wohnfläche) Wohnungen in verkehrsreicher Lage und in unmittelbarer Nähe von Industrieflächen seit 1976 forciert an wohnungssuchende türkische Gastarbeiter vermietet. 1987 erfolgte die Übernahme durch eine Luxemburger Immobilienfirma; wie der Voreigentümer scheiterte diese aus den gleichen Gründen und verkaufte das Gebäude schließlich an ein Schweizer Immobilienunternehmen für lediglich knapp fünf Millionen Mark. Anfang der 90er Jahre begann die teilweise Umwandlung in Eigentumswohnungen (Frau Nick, Leiterin des Stadtteilzentrums Hanau-Südost).

4.2.1. Standort Schwarzenbergstraße

Ähnlich, jedoch mit zeitlicher Verzögerung, verlief die Entwicklung in den beiden Hochhäusern der Schwarzenbergstraße 6-12. Hier fand bisher nur ein Eigentumswechsel Ende der 80er Jahre von einer Gesellschaft bürgerlichen Rechts als Bauherrin an eine Schweizer Firma statt, welche ebenfalls einige Wohnungen an Einzelpersonen verkaufte. Die im Jahre 1970 erbauten Häuser befinden sich auf einem Areal, das noch gegen der Ende 60er Jahre als Gewerbegebiet fungierte und dann per Bebauungsplan zum Wohngebiet umfunktioniert worden ist. Parallel zur Leipziger Straße 30 wohnten dort zunächst überwiegend Amerikaner und Deutsche, die aufgrund der Standortnachteile am Rande der verbliebenen Gewerbefläche und in Nachbarschaft von Kasernen ihre Wohnungen aufgaben.

Solche Entwicklungen auf dem freien Wohnungssektor sind durch folgende Ursachen zu erklären (vgl. Abb. 24):

1. Bestimmte Wohngebäude werden von privaten Investoren als reine Spekulationsgeschäfte angesehen. Das bloße Gewinnstreben tritt auf Kosten einer ausgewogenen ethnischen Bewohnerstruktur in den Vordergrund.

2. Die Firmenpolitik der Unternehmen, die türkische Gastarbeiter zu Zeiten ökonomischer Expansion seit 1968 verstärkt angeworben hatten, war lediglich auf unternehmenseigene Interessen in Form der Beschäftigung kostengünstiger Arbeitskräfte ausgerichtet. De-

ren Unterbringung er- folgte in firmeneigenen Wohnungen von Dunlop, Heraeus, Degussa oder der Vakuumschmelze auf engstem Raum (Frau Nick, s.o.). Der Nachzug von Familienangehörigen während der 70er Jahre, welcher sich einerseits auf die Familienzusammenführung, andererseits aber auch auf wegfallende Kindergeldzahlungen für in der Türkei lebende Kinder gründete, wurde von den Firmen befürwortet und von den Behörden toleriert und schließlich legalisiert. Der auf diese Weise entstandene vermehrte Bedarf nach Wohnraum trug somit zu den oben genannten ethnischen Konzentrationsverschärfungen bei.

3. Im Zuge der Stadtteilsanierung hatte die Stadt Hanau die Möglichkeit, die betreffenden Gebäude zu erwerben. Im Falle der Leipziger Straße 30 trug sie sich sogar mit diesem Gedanken, als es zu einer der Zwangsvollstreckungen kam (Herr Zimmer, Stadtplanungsamt Hanau). Offiziell sah man aus Gründen der Wirtschaftlichkeitsberechnung davon ab, nach Meinung anderer Beobachter (Frau Nick, s.o.) wollte man jedoch die Verantwortung für ethnisch-soziale Segregationsprobleme und deren schwierig zu bewältigende Lösung umgehen. Für die Entscheidung der Stadt Hanau, dieses Hochhaus letztendlich nicht zu kaufen, dürften wohl beide Argumentationen ausschlaggebend gewesen sein.

4. Das Bestreben einer Ethnie, in einem fremden Staat mit völlig anderen kulturellen Gegebenheiten die eigene kulturelle Identität zu wahren und untereinander zusammenzuleben, ist ein außerordentlich wichtiger Fak-

tor für ethnische Segregation. Bedingt durch die Wohnsituation bildete sich insbesondere in der Leipziger Straße 30 eine türkenspezifische Infrastruktur heraus. Diese Entwicklung führt zum Begriff der (bewusst oder unbewusst) freiwillig gewollten Segregation, deren Wurzeln in der fremdenfeindlichen Haltung großer Bevölkerungskreise in Deutschland (insbesondere gegenüber Türken) zu finden sind. Eine wachsende Anzahl türkischer Jugendlicher engagiert sich deshalb verstärkt in islamisch-fundamentalistisch geprägten Organisationen und befürwortet Gewaltanwendung zur Durchsetzung religiöser Ziele (vgl. Hocker 1996, S. 444-446).

Ethnisch-religiöse Unterschiede innerhalb der türkischen Wohnbevölkerung Hanaus und Bad Homburgs spielen, trotz gravierender Spannungen im Heimatland Türkei, eine eher untergeordnete Rolle. Auf ethnischer Ebene handelt es sich um die Kurden, die sich als eigenständige Volksgruppe mit einer zur iranischen Sprachenfamilie zählenden Sprache verstehen. Die Aleviten aus der Ost- und Südosttürkei hingegen grenzen sich in erster Linie durch ihre Verhaltensregeln zum orthodoxen Islam (u. a. geschlechtliche Gleichstellung, keine Polygamie) ab. Beide Gruppen sind an den genannten Wohnstandorten vertreten, wobei einige Kurden von der Leipziger Straße in die Gebäude der Schwarzenbergstraße wechselten (Frau Weiser, Stadtplanungsamt Hanau). Dieser Umstand ist jedoch auf die Anwesenheit eines kurdischen Immobilienmaklers am Standort Schwarzenbergstraße zurückzuführen, der in begrenztem Umfang Sogwirkungseffekte auf einige seiner Landsleute ausübt.

5 ERGEBNIS

Ethnische Segregation kommt bereits auf gesamtstädtischer Makroebene durch unterschiedliche ethnische Strukturen, resultierend aus urbanen wirtschaftstrukturellen Divergenzen, zum Ausdruck. Die Industriestadt Hanau ist durch einen außerordentlich hohen türkischen Bevölkerungsanteil (annähernd 50% aller Ausländer) gekennzeichnet, während Bad Homburg als primäres Dienstleistungszentrum eher polystrukturiert ist.

Die zur Erarbeitung des Abhängigkeitsverhältnisses zwischen Bevölkerungsdichte und Ausländeranteilen notwendig gewordenen Untersuchungen zur Entwicklung der kleinräumigen Bevölkerungsdichtewerte ergaben für Hanau 1975 und 1994 kaum voneinander abweichende Dissimilaritätsindizes von 20,5 bzw. 20,1. In Bad Homburg hingegen sank der Index von 19,0 auf 16,7 und führte somit zu einer ausgeglicheneren Verteilung der Bevölkerungsdichte. Beide Städte wiesen hohe Dichtewerte in der Innenstadt auf, die bis 1994 stagnierten oder sich nur leicht abschwächten. Im Gegensatz zu Bad Homburg sind in Hanau Anzeichen tendenzieller Dichtezunahmen in statistischen Bezirken mit hohem Wohnhochhausbestand festzustellen.

Auf Ebene der statistischen Bezirke ergaben sich innerhalb der letzten zwanzig Jahre in bei den Mittelstädten verschieden stark ausgeprägte segregale Wandlungsprozesse. Unter dem Gesichtspunkt der Segregationsindizes ist die Segregation der Ausländer in Hanau von 25,9% auf 34,7%

angestiegen. In Bad Homburg sank dagegen der entsprechende Wert von 33,3% auf 22,1%. Diese gegenläufige Entwicklung ist in erster Linie auf die genannten ethnischen Strukturunterschiede unter besonderer Berücksichtigung der türkischen Sonderstellung (religiös bedingte Motivationsmentalität, Fertilitätsziffern) zurückzuführen. Das gleiche gilt für die Betrachtung der ethnospezifischen Differenzierung, aus welcher sich in beiden Städten ein signifikant hoher Segregationsgrad der türkischen Bevölkerung ergibt.

Raum-zeitliche Veränderungen der Ausländerverteilung in Hanau vollzogen sich durch Konzentrationszunahmen in den Innenstadtbereichen, dicht besiedelten Gebieten und punktuellen Wohnhochhausbezirken. Hiervon betroffen waren wiederum primär die Türken, während die übrigen Ausländer gesamtstädtisch gesehen einer ausgewogeneren Verteilungsdynamik unterlagen. Diese Ergebnisse gelten auch für Bad Homburg, sieht man von den relativ konstant gebliebenen Konzentrationsverhältnissen in der Innenstadt ab.

Eine Korrelation zwischen den Variablen Bevölkerungsdichte und ethnisch differenzierten Bevölkerungsanteilen auf Basis der Einwohner der statistischen Bezirke konnte konstatiert werden. Hierbei stiegen die entsprechenden Korrelationswerte in Hanau von 0,58 auf 0,78 an (Bad Homburg: 0,64 bzw. 0,65) und belegen die Zunahme der Zusammenhangsintensität. Das Abhängigkeitsverhältnis ist bei den Ausländern durch eine positive lineare Steigung gekennzeichnet, das der Deutschen durch eine negative.

Das besagt, dass in Hanau 1975 der Ausländeranteil um 15% je 100 Ew/ha Dichtezuwachs anstieg, während der deutsche Anteil um 2,7% fiel. Bis zum Jahre 1994 ging diese Schere mit Werten von 27% bzw. – 7,7% weiter auseinander und trug zur Segregationsverschärfung bei. Türken unterliegen hinsichtlich des genannten Zusammenhangs einem um das 2,3-fache höheren Gradienten als dem der restliche Ausländergruppe.

Sämtliche Aussagen sind tendenziell auch auf Bad Homburg übertragbar, allerdings mit dem Unterschied deutlich geringer auseinanderliegender Werte. Die Entwicklung der ethnischen Segregation verlief in Bad Homburg unter dem korrelativen Blickwinkel nach dem gleichen Muster wie in Hanau, war aber auch unter ethnospezifischer Differenzierung deutlich schwächer ausgeprägt. Derartige Ergebnisse verdichten die oben angesprochene Segregationsursache in Form unterschiedlicher ethnostruktureller Zusammensetzung der Wohnbevölkerung und den daraus resultierenden soziokulturellen Gegebenheiten. Freiwillige sowie direkt und indirekt erzwungene Segregation, die weniger finanziellen Beschränkungen seitens der Ausländer (geringer gewordene Einkommensunterschiede zu den Deutschen) als vielmehr Steuerungsmechanismen der Wohnungspolitik und Ausleseverfahren des privaten Wohnungsmarktes unterliegen, spielen bei dem weiter auseinanderdriftenden Segregationsausmaß die entscheidende Rolle.

Die aus dem Abhängigkeitsverhältnis zwischen Bevölkerungsdichte und Ausländeranteilen resultierenden normativen Abweichungen (Residuen) sind bezüglich der Bezirke mit über dem Trend liegenden Ausländeranteilen vorrangig im unmittelbaren Innenstadtbereich oder in dessen peripheren Zonen (Gewerbe-, Industrieansiedlungen) lokalisiert, während sich die Gebiete unterhalb des Regressionstrends in Stadtrandlagen mit einerseits hohem Sozialwohnungsbestand und andererseits kleineren Wohngebäuden des freien Wohnungsmarktes befinden.

Sowohl die Anzahl dieser extremen Residuen als auch deren Abweichungsvarianz sind in Bad Homburg deutlich geringer und belegen die bisher gewonnenen Erkenntnisse zum unterschiedlichen Segregationsausmaß beider Städte.

Ethnische Segregation an Standorten von Wohnhochhäusern wird anhand verschiedener Betrachtungskriterien erkennbar:

1. Die sogenannte baujahrsbedingte Segregation, die sich am Hochhausalter orientiert, kommt in Hanau und Bad Homburg gleichermaßen zum Tragen. Der in der Hauptbauphase um 1970 errichtete Gebäudebestand weist den mit Abstand höchsten Ausländeranteil und Behausungsdichte- wert auf. Diese Gebäudegruppe unterlag in Hanau zwischen 1984 und 1994 einem Ausländeranstieg von 45% auf 57% (Bad Homburg 11% bzw. 21%). Gemessen an ihrer prozentualen Gewichtung bezüglich der Gesamtbevölkerung sind die Türken ungleich stärker vertreten als die übrigen Ausländer.

2. Mit zunehmender Gebäudehöhe resp. Geschosszahl steigt auch der Ausländeranteil, insbesondere der der Türken, an. Die vertikale Mächtigkeit von Wohnhochhäusern übt somit Einfluss auf die ethnische Segregation aus, wobei der Faktor Behausungsdichte in diesem Fall jedoch keine Rolle spielt.

3. Die Untersuchung zur räumlichen Trennung von Hochhaus- und Nichthochhausbewohnern ergab in Hanau einen höheren Segregationswert als in Bad Homburg. Das gleiche gilt für die aus der ethnospezifischen Differenzierung resultierende intraethnische Segregation mit einem maxi- malen Index von 49,3 (Türken in Hanau). Die türkischen Hochhausbewohner Bad Homburgs sind gegenüber ihren in Nichthochhäusern lebenden Landsleuten allerdings nicht so stark segregiert wie die übrigen Ausländer.
   Bei der räumlichen Verteilung der intraethnischen Anteilswerte zeichnen sieh klare Unterschiede zwischen beiden Ausländergruppen ab. Hochhausstandorte mit hohen intraethnischen Anteilen der einen Gruppe weisen entsprechend geringere Werte der anderen auf und deuten somit interethnische Segregationserscheinungen an.

4. Die Behausungsdichte der Wohnhochhäuser stieg seit 1984 von 129 auf 157 Ew/Haus (Hanau), der zugehörige Dissimilaritätsindex von 16,7 auf 19,6. Diese Werte verdeutlichen a) einen Bevölkerungsschub hin zu Hochhausstandorten und b) die fortgeschrittene räumliche Ungleichverteilung mehr oder weniger

dichtbewohnter Gebäude.
In Bad Homburg blieben beide Indikatoren im Verlauf der letzten zehn Jahre im Wesentlichen konstant und liegen weit unter denen Hanaus (100 Ew/Haus bzw. Dissimilaritätsindex 9,9).

5. Zwischen 1984 und 1994 kletterte der Ausländeranteil aller Wohnhochhäuser von 25,9% auf 36,5% (Hanau) bzw. von 8,5% auf 16,8% (Bad Homburg) bei jeweils gleicher Dynamisierungsrate beider Ausländergruppen. Es vollzog sich somit ein Verlagerungsprozess in verdichtete Hochhausstandorte.
Die interethnische Segregation der Hochhausbevölkerung lag 1984 insbesondere im Falle der türkischen Bewohner in außerordentlich hohen Bereichen; sie verminderte sich bis 1994, weist aber auch gegenwärtig Spitzenindizes von 50 (Bad Homburg) und 60 (Hanau) auf. Der gewaltige Segregationsunterschied zwischen beiden Ausländergruppen blieb bestehen.
Ausschließlich von Deutschen bewohnte Hochhausstandorte sind durch gut erhaltene und gepflegte Bausubstanz gekennzeichnet und befinden sich vorrangig als Einzelstandorte in überwiegend reinen Wohngebieten. Dagegen sind Einzelstandorte mit hohen Ausländeranteilen in gemischten Wohngebieten (räumliche Nähe zu Gewerbe- und Industrieflächen) lokalisiert.

6. Die regressions- und korrelationsanalytische Betrachtung des Zusammenhangs zwischen Behausungsdichte und Ausländeranteilen ergab vom Jahr 1984 bis 1994 in beiden Städten einen signifikanten Anstieg der Zu-

sammenhangsintensität beider Variablen. Von einer wirklichen Abhängigkeit kann allerdings nur bei der türkischen Bevölkerung (insbesondere in Hanau) mit Koeffizienten über 0,5 bis 0,8 gesprochen werden.

7. Sozialwohnungen des Hochhausbestandes wurden seit 1984 forciert an Ausländer vergeben, während der deutsche Anteil sank. Unter Berücksichtigung der ethnischen Anteile an der gesamten Hochhausbevölkerung sind jedoch speziell die Türken völlig unterrepräsentiert vertreten. Das Ungleichgewicht zu den deutschen Bewohnern verringerte sich, sticht aber noch immer deutlich hervor. Die Gruppe der Ausländer ohne Türken fand bei der Wohnungsvergabe, welche in hohem Maße von den von den Wohnungsämtern tolerierten Intentionen der Siedlungsbaugesellschaften abhängt, größere Beachtung. Nichtdeutschen Ethnien werden vermehrt Sozialwohnungen in Stadtvierteln mit hohen Ausländeranteilen, resultierend aus den Gesetzmäßigkeiten des freien Wohnungsmarktes, zugewiesen.
   Der private Wohnungsmarkt weist mit Werten zwischen 0% und 100% eine weitaus deutlichere Polarisierung der Ausländeranteile auf als der Sozialwohnungsbestand (0% bis 50%). Derartige Maxima sind ausschließlich für die türkischen Bewohner nachweisbar und auf latent erzwungene Segregation, partiell aber ebenso auf bewusste oder unbewusste freiwillige Konzentrationsbestrebungen zu- rückzuführen.

Alle diese Einzelergebnisse führen zu folgendem Gesamtresultat:

A Ethnische Segregation ist entsprechend der ethnischen Struktur einer (Mittel-) Stadt verschieden stark ausgeprägt. Die im inneren Rhein-Main-Verdichtungsraum befindlichen, wirtschaftsstrukturell divergierenden Mittelstädte Hanau und Bad Homburg weisen unterschiedliche segregale Entwicklungen, Strukturen und räumliche Verteilungsmuster auf.

B Türken sind auf fast allen Untersuchungsebenen (partielle Ausnahme: Intraethnische Segregation) deutlich stärker segregiert als die übrigen Ausländer. Aus diesem Grund ist das gesamtstädtische Segregationsausmaß in Hanau mit einem außerordentlich hohen türkischen Bevölkerungsanteil größer als in Bad Homburg.

C Sowohl auf räumlicher Mesoebene (statistische Bezirke) als auch auf Mikroebene (Hochhausstandorte) steigen die Ausländeranteile mit zunehmenden Bevölkerungs- bzw. Bewohnerdichtewerten an. Dieser Segregationsaspekt hat sich seit 1984 bezüglich seiner Wachstumsdynamik in beiden Städten verschärft. Hiervon betroffen ist primär die türkische Bevölkerung Hanaus mit signifikant erhöhten Segregationswerten.

D Auch der Gebäudestrukturcharakter (Baujahr, Gebäudehöhe, Beschaffenheit der Bausubstanz) und die kleinräumige Lage als visuell wahrnehmbare Faktoren sowie die soziale Zweckbestimmung (Verhältnis von sozialem und freiem Wohnungsmarkt) üben Einfluss auf Segregationserscheinungen aus.

6 ZUSAMMENFASSUNG

Das Ziel dieser Arbeit bestand darin, einen Beitrag zur raumstrukturellen Entwicklung der ethnischen Segregation in Mittelstädten von Verdichtungsräumen zu leisten. Untersucht wurden dabei die Städte Hanau und Bad Homburg innerhalb der letzten 20 (Mesoebene der statistischen Bezirke) bzw. 10 (Mikroebene der Wohnhochhausstandorte) Jahre.

Das Einleitungskapitel beinhaltet die Zielsetzung und Fragestellung der Arbeit und vermittelt einen Abriss zum Forschungsstand (1.1). Es folgen wissenschaftstheoretische und methodische Betrachtungen zur empirisch-analytischen bzw. systemtheoretischen Vorgehensweise (1.2.1). Punkt 1.2.2 beschreibt die zur Problemlösung angewandten Verfahrenstechniken. Daran anschließend wird der Segregationsbegriff näher erläutert (1.3) sowie die Ausländerstruktur in verschiedenen Mittelstädten des Rhein-Main-Gebietes dargestellt (1.4).

Im ersten Abschnitt des empirischen Teils (Kapitel 2) wird das Segregationsausmaß auf Mesoebene anhand von Segregationsindizes und räumlichen Konzentrationsschwerpunkten untersucht (2.1). Als Raumeinheiten fanden statistische Bezirke Anwendung, deren Flächen zwecks objektiver Vergleichbarkeit auf Wohn-, Misch- und Kerngebiete reduziert worden sind. Punkt 2.2 befasst sich mit der Korrelation der Variablen Bevölkerungsdichte und Ausländeranteile, die Aussagen zu segregalen Aspekten in dicht besiedelten Raumeinheiten ermöglicht. Aus dieser Betrachtungsweise resultierende, weitere Segregationsfaktoren erbringt die Residuenanalyse in Punkt 2.3.

Der zweite Abschnitt des empirischen Teils (Kapitel 3) enthält Segregationsuntersuchungen auf Mikroebene am Beispiel von Wohnhochhausstandorten. Dies geschieht zunächst nach den Kriterien des Baujahrs und der Geschosszahl (3.1). Intraethnische Segregationserscheinungen von Hochhaus- und Nichthochhausbewohnern derselben Nationalität werden in Punkt 3.2 behandelt. Raum-zeitliche Veränderungen der ethnischen Bewohnerstruktur finden im Rahmen der interethnischen Segregationsbetrachtung Berücksichtigung (3.3). In Anlehnung an Punkt 2.2 folgt eine kurze Darstellung zum Zusammenhang zwischen der Behausungsdichte und den entsprechenden Ausländeranteilen (3.4). Den Abschluss bildet die Untersuchung zu segregalen Erscheinungsformen an Hochhausstandorten des sozialen und freien Wohnungsmarktes (3. 5).

Im Ergebnis ist festzuhalten, dass Veränderungen des Segregationsausmaßes ihre Abbildung im Raum finden. Wie die nach wirtschaftlichen und ethnischen Gesichtspunkten verschieden strukturierten Städte Hanau und Bad Homburg zeigen, sind die Entwicklung und der Grad ethnischer Segregation in hohem Maße abhängig von der Ausländerstruktur einer Stadt. Diese Feststellung bezieht sich gleichermaßen auf Makro- und Mikrostandorte.

Hanau mit dem höchsten Anteil türkischer Wohnbevölkerung aller deutschen Kommunen über 20000 Einwohner weist gegenüber Bad Homburg mit weit unterdurchschnittlichem Türkenanteil signifikant deutlichere Segregationserscheinungen auf. Nach den getroffenen Feststellungen sind Türken in beiden Städten stärker segregiert als die übrigen Ausländer. Diese Aussagen werden durch die vielseitig beleuchteten Segregationsaspekte (siehe empirischer Teil) eindeutig belegt.

Insbesondere das gestiegene Segregationsausmaß in Hanau innerhalb der letzten zwanzig Jahre gibt Anlass zu neuen Denkanstößen, inwiefern dieses Problem mittels übergeordneter politischer Maßnahmen (Ansätze zum Ausgleich räumlicher Strukturunterschiede der Ausländerverteilung) und der Sensibilisierung breiter Bevölkerungsschichten (z.B. mit Bezug auf freie Wohnungsmarktmechanismen) gelöst werden kann. Dass ausgewogenere ethnische Strukturen auf gesamtstädtischer Ebene segregationshemmend wirken können, wird ebenfalls durch die erbrachten Untersuchungsergebnisse belegt. Vor dem Hintergrund dieser Resultate bleiben zukünftige, teilweise absehbare ethnische Segregationsentwicklungen abzuwarten.

7 Ethnische Segregation in Hanau am Main und Bad Homburg v.d.H. 2021

In Anlehnung an die Ergebnisse der Untersuchung aus dem Zeitraum zwischen 1975/76 und 1994 erscheint eine Betrachtung des Segregationsausmaßes nach nunmehr über 25 Jahren auch hinsichtlich stadtplanerischer Erwägungen durchaus interessant. Dies vor allem auch vor dem Hintergrund der Migrationswellen in den vergangenen letzten Jahren.

Für die Gesamtstadt Hanau am Main liegt der Segregationsindex nun bei 27,6 gegenüber 34,7 im Jahre 1994. Das entspricht einem deutlichen Rückgang von 20%. Im Vergleich zum Wert 1975 (25,9) ergibt sich jedoch immer noch ein leichtes Plus von knapp 7%. Hierzu die räumliche Verteilung nach Stadtbezirken **(Karte 1)**:

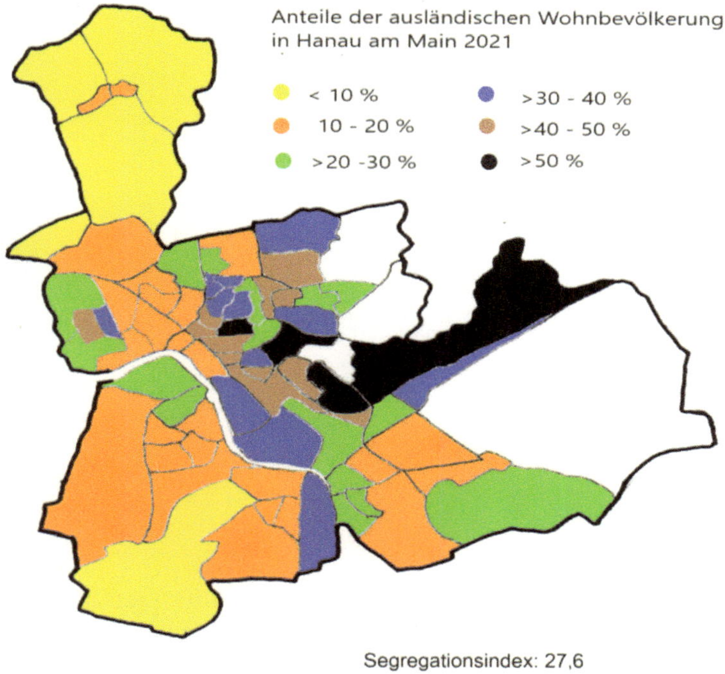

In Bad Homburg gestalten sich die Verhältnisse moderater. Hier entwickelte sich der Index für die ausländische Bevölkerung in kleineren Sprüngen mit einer Verringerung zwischen 1976 und 1994 von 19,0 auf 16,7 und dann wieder mit einem geringen Anstieg auf 17,5 bis zum Jahr 2021. Gegenüber Hanau ist das Segregationsausmaß in der Taunusstadt aber noch immer deutlich geringer. Hierbei geben wohl kommunale Entscheidungen zur Wohnungspolitik sowie stadtplanerischen Maßnahmen einen entscheidenden Impuls zur Erklärung der unterschiedlichen Entwicklungen über die Jahre hinaus.

Karte 2 verdeutlicht die räumlichen Verhältnisse in Bad Homburg nach Ortsbezirken:

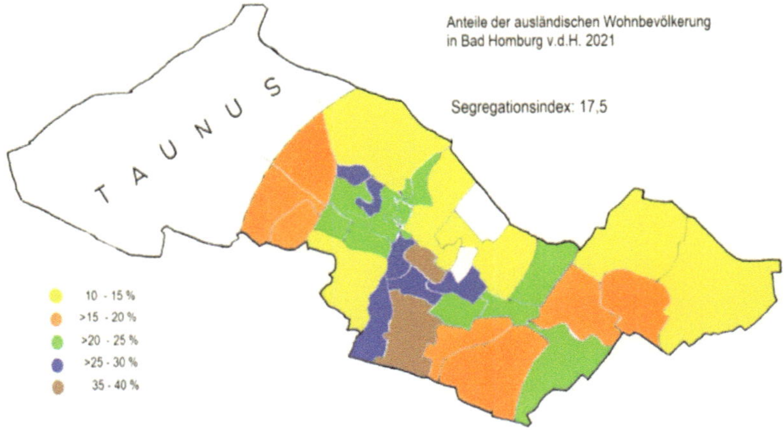

Der Kartenvergleich offenbart sowohl Gemeinsamkeiten als auch Unterschiede beider Städte. Sowohl in Hanau als auch in Bad Homburg sind vornehmlich die innerstädtischen Bereiche mit einem relativ hohen Ausländeranteil gekennzeichnet. Die prozentuale Schwankungsbreite reicht aber in Hanau von 7 bis 57%, in Bad Homburg lediglich von 10 bis 37%, ist dort also wesentlich ausgeglichener. Und genau das trägt zusammen mit dem räumlichen Verteilungsmuster zum geringeren gesamtstädtischen Segregationsausmaß bei.

In diesem Zusammenhang ist zu bemerken, dass ein hoher Ausländeranteil in bestimmten Bezirken noch keine hohe Segregation bedeutet. Das sind zwei völlig verschiedene Sachverhalte, wie sich noch im weiteren Verlauf zeigen wird. Auch in den Randbezirken, die vornehmlich einen eher geringen Ausländeranteil aufweisen, kann ein höheres

Segregationsniveau erreicht werden.
In der Gesamtstadt beider Kommunen erhöhte sich der Anteil aller Ausländer wie folgt:

	1975 (%)	1994 (%)	2021 (%)
Hanau	15	22	27
Bad Homburg	13	16	21

Als Ursachen für die jeweiligen Zuwächse sind in erster Linie steigende Migrationszahlen, Familiennachzug, Sogwirkungseffekte auf Landsleute und höhere Fertilitätsziffern zu nennen. Der jeweils höhere Anteil Hanaus erklärt sich aus seiner Wirtschaftsstruktur als typischer Industriestadt mit einem (ehemals) höheren Bedarf an Arbeitskräften auf dem industriellen Sektor. Die mit Abstand dominante Ethnie waren und sind bis heute die türkischen Bewohner, deren Anteil an allen Ausländern heute noch über 25% vor den (ehem.) Jugoslawen und Italienern (jeweils rund 9%) ausmacht. Bad Homburg mit einem von jeher ausgeprägteren tertiären Sektor weist hingegen eine andere ethnische Zusammensetzung auf. Hier dominieren gegenwärtig die Bewohner aus dem ehemaligen Jugoslawien mit einem Anteil von 12% an allen ausländischen Einwohnern. Es folgen die Türken und Italiener mit 9 bzw. 7%. Mit einem signifikant höheren Anteil von Bürgern aus den G7-Staaten zeigt sich in Bad Homburg somit ein ausgeglicheneres ethnisches Verteilungsmuster.

Greift man nun die türkische Ethnie heraus, so ist festzustellen, dass sich deren Schwerpunkte in Hanau mit Maximalwerten von bis zu 25% noch extremer im direkten Umfeld den Innenstadt befinden. Der Segregationsindex fiel zwischen 1994 und 2021 von 42,0 auf 34,4 um 18% in recht erheblichem Umfang. Das kann durchaus als Erfolg der kommunalen Integrationsmaßnahmen gewertet werden. Allerdings ist die türkische Wohnbevölkerung Hanaus noch immer deutlich stärker segregiert als die der übrigen Ausländer. Ursächlich spielt dabei der Faktor der „gewollten Segregation“ eine wesentliche Rolle.

Die räumliche Verteilung der türkischen Einwohner zeigt **Karte 3**:

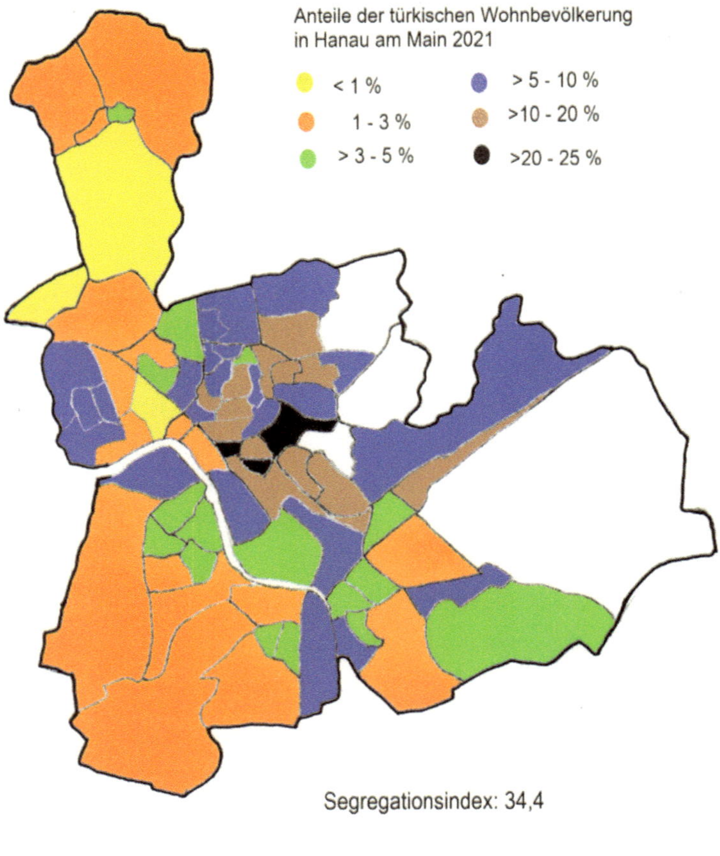

In Bad Homburg befinden sich die türkischen Bewohnerschwerpunkte weniger in der Innenstadt, sondern nordwestlich davon im Stadtteil Kirdorf im und um das Wohngebiet Eichenstahl herum. Dieser Bereich ist unter anderem von zahlreichen Wohnhochhäusern geprägt. Außerdem ist am südwestlichen Rand der Innenstadt Richtung Gonzenheim ein weiterer Standort zu finden, ganzheitlich gesehen also dezentraler als in Hanau. Die Anteilswerte liegen hier durchweg im einstelligen Bereich und erreichen maximal knapp 6%. Der Segregationsindex verringerte sich seit 1994 (38,0) auf nunmehr 33,0. Aber auch hier ist der Unterschied zur Gesamtheit der Ausländer groß. Ein weiteres Zeichen für das bereits angesprochene höhere Segregationsniveau der türkischen Ethnie.

Karte 4 veranschaulicht wiederum die räumlichen Verhältnisse:

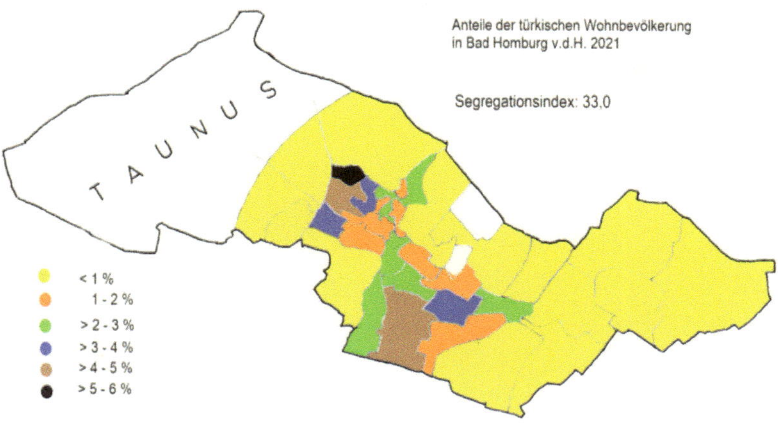

Nun stellt sich die Frage, welche städtischen Bezirke in überdurchschnittlichem Maße zur jeweiligen Segregation der Gesamtstadt beitragen. Hierzu ist zu bemerken, dass

Bezirke mit größeren positiven Abweichungen von Mittelwert sämtlicher Bezirke als sogenannte „Segregationshotspots“ fungieren und nachfolgend anhand räumlicher Darstellungen veranschaulicht werden.

Karte 5 zeigt die Verteilung in Hanau für die gesamte ausländische Wohnbevölkerung:

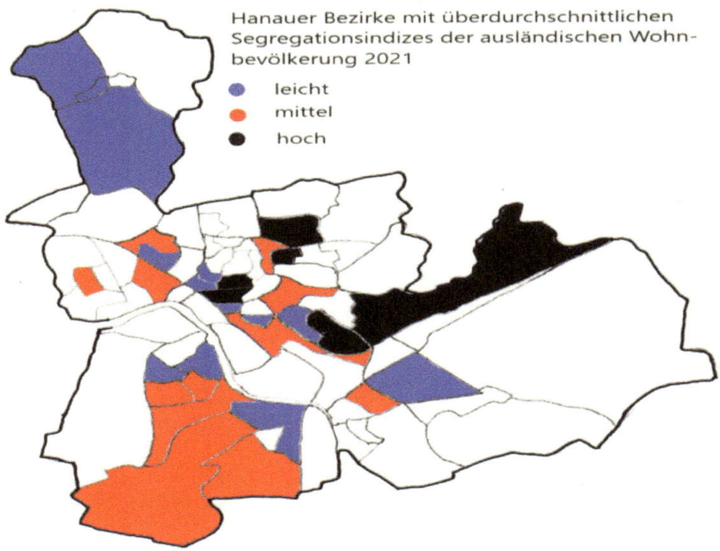

Die „segregationsfördernden“ Bezirke liegen vornehmlich in den nordwestlichen und südöstlichen Bezirken der Innenstadt sowie in den industriell-gewerblich strukturierten Bereichen südöstlich davon, die teilweise auch die höchsten Ausländeranteile haben. Aber auch periphere Gebiete wie die Stadtteile Kesselstadt / Weststadt, Steinheim, Klein- und Groß-Auheim sind betroffen (vgl. Karten 1 und 5).

Analog dazu stellt sich die Situation in Bad Homburg folgendermaßen dar: Auch hier gehören die beiden Bezirke mit den höchsten Segregationsindizes südlich der Innenstadt zu denen mit hohem Ausländeranteil und teils angrenzenden Gewerbegebieten. Andererseits ragen zwei Bezirke nördlich der Innenstadt und im Südosten des Stadtgebiets heraus, die einen verhältnismäßig hohen Segregationsindex, jedoch niedrigen Ausländeranteil aufweisen (vgl. Karten 2 und 6). Es handelt sich dabei um Gebiete im Norden des Stadtteils Kirdorf und um den östlichsten Teil Nieder-Eschbachs mit verhältnismäßig ruhigen Wohngebieten. Wie vorstehend bereits erwähnt, besteht also kein unmittelbarer Zusammenhang zwischen Segregationsindizes und dem Konzentrationsgrad einer Ethnie auf kleinräumiger Ebene. Sie unterscheiden sich aber ganzheitlich gesehen hinsichtlich ihrer Wohn- und Umfeldwertigkeit. Wir haben es also mit ethnischer Segregation auf zweierlei Ebenen zu tun.

Karte 6:

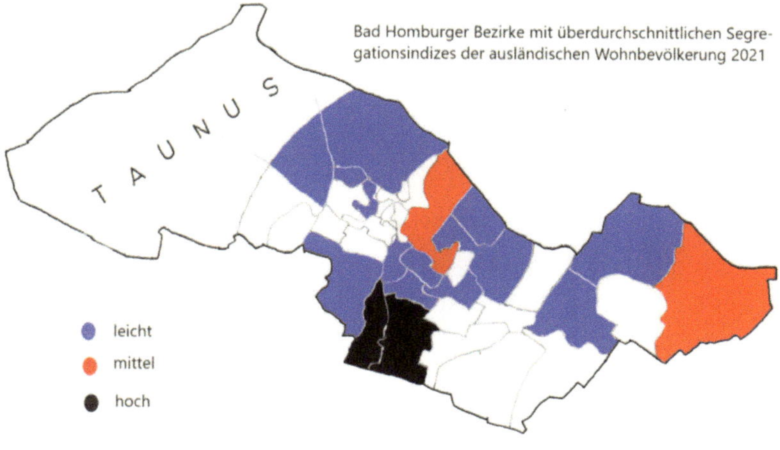

Wie wirkt sich diese Untersuchung nun bezüglich der türkischen Wohnbevölkerung aus, sind Unterschiede erkennbar?
Aufschluss hierüber gibt zunächst **Karte 7** für Hanau am Main:

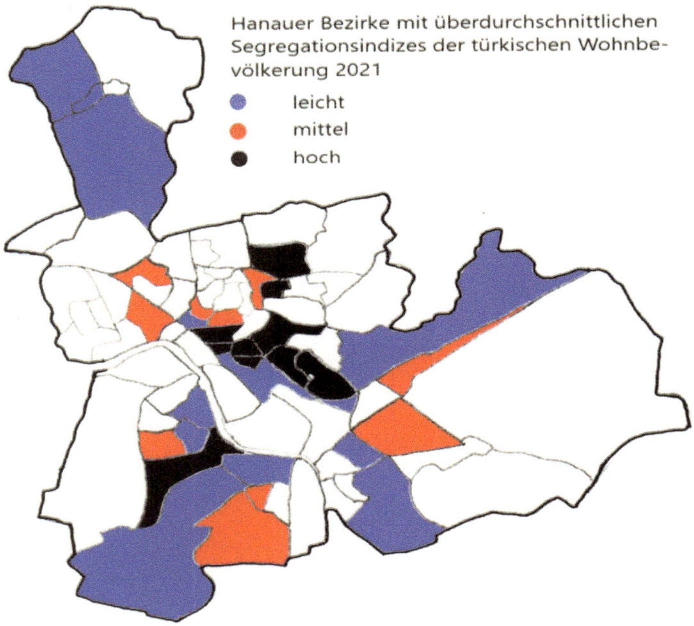

Im Vergleich mit Karte 5 sind die meisten Bezirke (fast) deckungsgleich. Schaut man genauer hin, so fallen jedoch einige Unterschiede ins Auge. So sind bei allen Ausländern zusammen nur sechs Bezirke als hoch überdurchschnittlich eingestuft, während es bei den Türken derer zehn sind. Einer dieser zehn Bezirke liegt im Stadtteil Steinheim südlich des Mains, der mit seiner räumlichen Lagegunst und Infrastruktur als recht begehrter Wohnstandort gilt. Und gerade hier befindet sich ein Gebiet mit hohem türkischen Segregationsindex. Auch dieser Sachverhalt trägt zur Erklärung des insgesamt signifikant höheren Segregationsgrades bei den türkischen Einwohnern bei.

Karte 8 veranschaulicht die entsprechenden Verhältnisse der Türken in Bad Homburg:

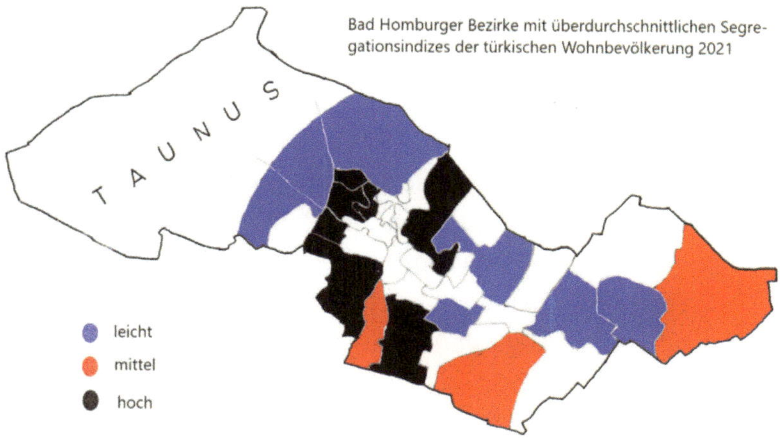

Der Innenstadtkern spielt, wie auch bei allen Ausländern, in diesem Fall kaum eine Rolle. Im Gegensatz dazu weisen einige Bereiche des Ortsteils Kirdorf (insbesondere der soziale Brennpunkt Eichenstahl) aber weit überdurchschnittliche Indizes bei den Türken auf. Hier ist wiederum ein großer Unterschied zwischen den beiden Gruppierungen auszumachen. Auch der ganz im Südosten peripher gelegene Ortsteil Ober-Erlenbach ist mit seinem östlichsten Bezirk durch einen recht hohen Segregationsanteil gekennzeichnet.

Im Ergebnis bleibt festzuhalten, dass aus den räumlichen Disparitäten der obigen Karten sowohl in Hanau als auch in Bad Homburg räumliche Muster abgeleitet werden können, die auf Gemeinsamkeiten und Unterschiede zwischen den beiden untersuchten ethnischen Gruppen und auch zwischen den beiden Städten hindeuten. Erfreulich ist das Absinken der Segregationsindizes seit Mitte der 1990er Jahre bis 2021 um gut 20% (Hanau) bzw. knapp 50% (Bad Homburg) bei allen Ausländern sowie um 18% (Hanau) bzw. 13% (Bad Homburg) bei den Türken. Deren Segregationsindex liegt aber in beiden Städten weiterhin signifikant höher als jener der Gesamtheit der Ausländer. Die Integrationsmaßnahmen der Kommunen scheinen im Verlauf der Jahrzehnte Früchte getragen zu haben. Ethnische Unterschiede zumindest bezüglich des räumlichen Integrationstempos sind jedoch auch in Hinsicht auf den Begriff der „gewollten Segregation" unverkennbar.

Karten 1 bis 8: Eigene Berechnungen und Grafikgestaltungen auf Basis von Daten der Stadtverwaltung Hanau (Statistikstelle) und der Stadtverwaltung Bad Homburg (Stadtbüro und Wahlen) 2021

Literaturverzeichnis

AREND, M.: Segregation zwischen Schweizern und Ausländern in der Stadt Zürich. In: Dokumente und Informationen zur Schweizerischen Orts-, Regional- und Landesplanung (DISP); Heft 75/1984, S. 31-35.

BÄHR, J.: Bevölkerungsgeographie. Stuttgart 1983, 427 S.

BAHRENBERG, G.; GIESE, E.; NIPPER, J.: Statistische Methoden in der Geographie 1 (=Teubner Studienbücher der Geographie). Stuttgart 1990, 233 S.

BENDIT, R.: Sozialer Wandel und seine Auswirkungen auf die Lebenslage ausländischer Kinder und Jugendlicher in der BRD: (=Arnoldshainer Texte – Die multikulturelle Versuchung. Ethnische Minderheiten in der deutschen Gesellschaft; Bd. 71, S. 107-146). Frankfurt am Main 1991.

BLANC, M.: Von heruntergekommenen Altbauquartieren zu abgewerteten Sozialwohnungen. Ethnische Minderheiten in Frankreich, Deutschland und dem Vereinigten Königreich. In: Informationen zur Raumentwicklung (Hrsg.: Bundesforschungsanstalt für Landeskunde und Raumordnung, Bonn), Heft 7/8, 1991, S. 447-457.

BÖLTKEN, F.: Ausländer im Westen der Bundesrepublik Deutschland: Alltagsprobleme, Kontakte und Konflikte. In: Siehe Blanc, M.; S. 481-499.

BRUNNER, H. R.: Geographie und Wissenschaft. In: Geographische Rundschau, Heft 2, 1978, S. 58-59.

BORKNER, H.-J.: Die soziale und sozialräumliche Situation türkischer Migranten in Göttingen (=Schriften des Instituts für Entwicklungsforschung, Wirtschafts- und Sozialplanung GmbH -isoplan-). Saarbrücken 1987, 338 S.

DÖHNE, H.-J.; MEUTER, H.: Großsiedlungen der 60er und 70er Jahre. Ein neues Aufgabenfeld der Wohnungs- und Städtebaupolitik. In: Stadt, Heft 4/1985, S. 36-41.

DUNCAN, O.D.: The Measurement of Population Distribution. In: Population Studies 11/1957, S. 27-45.

FLADE, A.; GUDER, R.: Zur Segregation und Integration der Ausländer. Eine Untersuchung der Lebenssituation der Ausländer in hessischen Gemeinden mit hohem Ausländeranteil. Darmstadt 1988, 277 S.

GLEBE, G.: Tendenzen ethnischer Segregation und Konzentration von Gastarbeiterminoritäten in Düsseldorf 1974-1982. In: Zeitschrift für Wirtschaftsgeographie, Jg. 28 (1984), Heft 2, S. 91-111.

GODARD, F.; PENDARIES, J.-R.: Eigentumsverhältnisse, Segregation und soziales Handeln im Bereich des Wohnens (Krise und Konflikte in der Großstadt im entwickelten Kapitalismus). In: Geographische Hochschulmanuskripte (GHM), Heft 11/1985, S. 315-332.

HANTSCHEL, R. : Die Übertragung des systemanalytischen/-theoretischen Ansatzes auf räumliche Systeme. In: General Systems 33, 1985, S. 8-15.

HAUSMANN, B.: Marginalisierung statt multikultureller Gesellschaft? Ausländer in Frankfurt am Main. In: Siehe Blanc, S. 439-445.

HOCKER, R.: Türkische Jugendliche im ideologischen Zugriff. Zur Einflußnahme extremistischer Gruppierungen auf jugendliche Migranten türkischer Herkunft. (=edition suhrkamp, NF Bd. 979: Die bedrängte Toleranz – Hrsg. Heitmeyer, W. und Dollase, R.), S. 426-449. Frankfurt/M. 1996.

HÜBNER, H.; JAHN, G.: Ausländer und Stadtentwicklung – Einführung und Fragestellung. (=Ausländer und Stadtentwicklung; Hrsg.: Institut für Landes- und Stadtentwicklungsforschung des Landes Nordrhein-Westfalen, ILS 30, S. 11-14). Dortmund 1990.

INFORMATIONSZENTRUM RAUM UND BAU DER FRAUNHOFER GESELLSCHAFT -IRB- (Hrsg.): Wohnverhältnisse von Ausländern, Bd.3. Stuttgart 1992, 53 S.

IPSEN, D.; GLASAUER, H.; HEINZEL, W.: Teilmärkte und Wirtschaftsverhalten privater Mietshausbesitzer. Analysen zur Miethöhe, Instandhaltung und Renditesituation (=Arbeitsberichte des Fachbereichs Stadtplanung und Landschaftsplanung GHS Kassel, Heft 9). Kassel 1980, 222 S.

KEMPER, F.-J.; KOSACK, K.: Bevölkerungsgeographische Skizze der Stadt Bonn. In: Arbeiten zur Rheinischen Landeskunde, Heft 58/1988, S. 19-44.

KERSTIENS-KOEBERLE, E.: Räumliche Strukturmuster ausländischer Arbeitnehmer in der Region München – dargestellt am Beispiel der Gemeinde Karlsfeld bei München (=Forschungs- und Sitzungsberichte der Akademie für Raumforschung und Landesplanung, ARL (Hrsg.) – Zum Wandel räumlicher Bevölkerungsstrukturen in Bayern, 1. Tei 1, Bd. 129, S. 151-158). Hannover 1979.

KEẞLER, U.; ROSS, A.: Ausländer auf dem Wohnungsmarkt einer Großstadt. Das Beispiel Köln. In: Siehe Blanc, M.; s. 429-438.

KORTE, H.: Türkische Bergarbeiter im Ruhrgebiet. Die Wohnsituation der ausländischen Mitarbeiter der Ruhrkohle AG (=Schriftenreihe Landes- und Stadtentwicklungsforschung des Landes Nordrhein-Westfalen, Bd. 3.033). Dortmund 1984.

KULS, W.; KEMPER, F.-J.: Bevölkerungsgeographie (=Teubner Studienbücher der Geographie). Stuttgart 1993, 247 S.

LEIMGRUBER, W.: Segregation oder Integration? Innen- und Außengrenzen als Maßstäbe des Denkens und Handelns in der Schweiz. In: Geographische Rundschau, Jg. 43 (1991), Heft 9, s. 488-493.

LICHTENBERGER, E.: Stadtgeographie (=Teubner Studienbücher der Geographie). Stuttgart 1991, 303 S.

NAUMANN, U.: Segregationserscheinungen in Städten (=Jahresbericht Verband Deutscher Städtestatistiker 1982, S. 169-193). Nürnberg 1982.

NEBE, J.M.: Residential segregation of ethnic groups in West German cities. In: Cities 5 (1988), Nr. 3, S. 235-244.

RUPPERT, K.; SCHAFFER, F.: urbanisierter Lebensformen Akademie für Raumforschung Hannover 1973, 51 S.

Sozialgeographische Aspekte (=Veröffentlichungen der und Landesplanung, Bd. 68).

SCHAFFER, F.: Untersuchungen zur sozialgeographischen Situation und regionalen Mobilität in neuen Großwohneinheiten am Beispiel Ulm-Eselsberg (=Münchener Geographische Hefte, Bd. 32). Regensburg 1968, 150 S.

SCHMIDT, D.: Struktur und Wohngebiete der Ausländer in Pforzheim (Hrsg.: Stadt Pforzheim, Amt für Wirtschaft, Verkehr und Statistik). Pforzheim 1982, 91 S.

SCHNURR, H.E.: Das Phänomen der Segregation am Beispiel der ausländischen Segregation (=Jahresbericht des Verbandes Deutscher Städtestatistiker 1983, S. 134-145). Wuppertal 1984.

SELKE, W.: Die Ausländerwanderung als Problem der Raumordnungspolitik in der BRD. Eine politisch-geographische Studie (=Bonner Geographische Abhandlungen, Heft 55). Bonn 1977, 167 S.

VAN GRUNSVEN, L.: Integration versus Segregation: Ethnic Minorities and urban Politics in Singapore. In: Tijdschrift voor Econ. en Soc. Geografie 83 (1992), No. 3.

VOSS, U.: Wohnverhältnisse und Segregation (=Städtische Integration ausländischer Minderheiten. Endbericht des EG-Modellprojekts Amberg – Am Bergsteig, S. 91-122). Nürnberg 1981.

ZIERCKE, M.: Wandel im städtebaulichen Zeitgeist. Strategien der Stadtteilerhaltung und -verbesserungen für Siedlungen der 60er und 70er Jahre. In: Stadt, Heft 4/1985, S. 26-35.

Verwendete Hilfsmittel

Statistiken und Adressbücher

Deutscher Städtetag (Hrsg.): Statistisches Jahrbuch Deutscher Gemeinden, 80. Jg. 1993; 81. Jg. 1994. Köln 1993/94.

Magistrat der Stadt Hanau – Hauptamt/Sachgebiet Statistik: Statistischer Jahresbericht der Stadt Hanau am Main 1993/94 und Nationalitätenstatistik der Stadt Hanau nach statistischen Bezirken 1975 und 1994.

Magistrat der Stadt Bad Homburg – Amt für öffentliche Ordnung: Nationalitätenstatistik der Stadt Bad Homburg 1994.

Statistisches Bundesamt (Hrsg.): Statistisches Jahrbuch 1989 für die Bundesrepublik Deutschland. Wiesbaden 1989.

Adressbücher Hanau am Main 1984/94 und Bad Homburg v.d.H. 1985/95.

Karten als Grundlage für die Berechnung und Darstellung der auf Wohn-, Misch- und Kerngebiete reduzierten Flächen der statistischen Bezirke

Hessisches Landesvermessungsamt (Hrsg.): Topographische Karten 1:25.000: Blattnummern 5819, 5820, 5919 (Hanau); 5717, 5718 (Bad Homburg). Wiesbaden 1990.

Hessisches Landesvermessungsamt (Hrsg.): Topographische Karte Bad Homburg 1:10.000 (Verkleinerung aus 1:5.000) mit Abgrenzung der statistischen Bezirke. Wiesbaden/Bad Homburg 1988.

Katasteramt Bad Homburg: Topographische Karte Bad Homburg 1:10.000 (Vergrößerung aus 1:25.000). Bad Homburg 1990.

Katasteramt Hanau: Topographische Karte Hanau 1:10.000 (Vergrößerung aus 1:25.000). Hanau 1990.

Magistrat der Stadt Hanau, Vermessungs- und Liegenschaftsamt: Amtlicher Stadtplan Hanau 1:25.000 – 1:18.500 (gleitender Maßstab) mit Abgrenzung der statistischen Bezirke. Hanau 1991.

Luftbilder als Hilfsmittel zur Kartierung der Hochhausstandorte

Hessisches Landesvermessungsamt: Luftbildkarten 2-9054L und 2-9254L, Maßstab 1:5.000; (Grundriss: Orthophoto). Wiesbaden 1992.

Flächennutzungspläne als Hilfsmittel zur Abgrenzung von Wohn-, Misch- und Kerngebieten

Umlandverband Frankfurt: Flächennutzungsplan 1:25.000; Blattnummern 21/6565, 29/7060, 22/7065, 23/7565 (Bad Homburg). Frankfurt am Main 1988.

Expertengespräche und Befragungen

Stadtplanungsamt Bad Homburg: Gesprächspartner Herr Kruta (Oktober 1994).

Stadtplanungsamt Hanau: Gesprächspartner: Herr Dr. Dehler, Herr Zimmer und Frau Weiser (Dezember 1994/Januar 1995/November 1996).

Wohnungsamt Hanau: Herr Link (November 1996).

Stadtteilbüro Hanau-Südost: Frau Nick (November 1996).

Telefonische Vermieterbefragungen.

Abbildungen

Diagramme

Tabellen

Karten

Anhang

Datenmaterial als Grundlage zur Berechnung von Indizes und Koeffizienten (aggregierte Daten der Hochhausstandorte):

I Hochhausbewohneranteile nach statistischen Bezirken:

a) Hanau 1984/94:

Bew.ges. (n/n)	Ausl.ges. (%)	Türken (%)	übr.Ausl. (%)	B.-Dichte (Ew/Haus)
259/ 277	23/31	4/17	19/14	86/ 92
56/ 53	0/ 0	0/ 0	0/ 0	56/ 53
548/ 790	16/27	8/17	8/10	137/198
1246/1623	18/37	7/17	11/20	178/232
159/ 169	13/14	3/ 1	10/13	159/169
53/ 49	0/ 0	0/ 0	0/ 0	53/ 49
598/ 674	16/20	9/12	7/ 8	199/225
712/ 692	10/16	3/ 7	7/ 9	102/ 99
266/ 807	63/87	38/72	25/15	89/269
841/ 976	14/23	7/12	7/11	140/163
127/ 120	2/21	2/21	0/ 0	63/ 60
451/ 487	99/98	98/98	1/ 0	451/487
199/ 79	97/64	96/ 6	1/58	199/ 79
63/ 93	90/45	76/19	14/26	63/ 93
205/ 323	1/ 5	0/ 0	1/ 5	103/162
307/ 331	27/20	2/ 8	25/12	154/166
69/ 65	7/ 7	0/ 0	7/ 7	69/ 65
521/ 563	19/28	15/20	4/ 8	87/ 94
280/ 279	10/29	7/19	3/10	93/ 93

b) Bad Homburg 1984/94:

Bew.ges. (n/n)	Ausl.ges. (%)	Türken (%)	übr.Ausl. (%)	B.-Dichte (Ew/Haus)
391/345	10/17	1/ 1	9/16	98/ 86
386/353	11/28	6/14	5/14	129/118
130/109	4/ 0	0/ 0	4/ 0	65/ 55
261/256	1/12	0/ 6	1/ 6	87/ 85
773/716	12/22	6/11	6/11	110/102
31/ 33	0/12	0/ 0	0/12	31/ 33
38/ 41	34/39	5/ 5	29/34	38/ 41
100/ 88	0/ 7	0/ 3	0/ 4	100/ 88
328/328	12/15	5/ 3	7/12	109/109
314/254	1/ 5	0/ 1	1/ 4	157/127
110/103	12/20	2/ 0	10/20	55/ 52
105/137	20/38	9/12	11/26	105/137
553/520	4/ 8	0/ 1	4/ 7	111/104

II Hochhausbewohneranteile an der gesamten Bevölkerungsgruppe einer Ethnie in den statistischen Bezirken 1994:

a) Hanau

Bew.ges. (n/%)	Ausl.ges. (n/%)	Türken (n/%)	übr.Ausl. (n/%)	B.-Dichte (Ew/Haus)
277/10	87/ 9	48/ 8	39/ 9	92
53/ 6	0/ 0	0/ 0	0/ 0	53
790/45	224/66	139/99	85/43	198
1623/76	613/90	279/99	334/79	232
169/11	25/17	3/ 7	22/22	169
49/ 5	0/ 0	0/ 0	0/ 0	49
674/29	141/51	84/56	57/45	225
692/24	120/26	55/32	65/23	99
807/25	704/32	581/59	123/10	269
976/42	230/52	120/56	110/47	163
120/ 5	26/ 5	26/10	0/ 0	60
487/40	480/51	480/58	0/ 0	487
79/ 5	51/12	5/ 2	46/21	79
93/ 8	43/33	18/60	25/25	93
323/10	17/ 8	0/ 0	17/10	162
331/10	68/15	27/31	41/12	166
65/ 2	5/ 1	0/ 0	5/ 2	65
563/16	164/31	116/43	48/19	94
279/19	82/36	53/39	29/30	93

b) Bad Homburg:

Bew.ges. (n/%)	Ausl.ges. (n/%)	Türken (n/%)	übr.Ausl. (n/%)	B.-Dichte (Ew/Haus)
345/14	60/37	3/23	57/40	86
353/17	100/23	51/26	49/21	118
109/16	0/ 0	0/ 0	0/ 0	55
256/12	32/12	16/16	16/ 9	85
716/34	160/47	78/50	82/45	102
33/ 2	4/ 2	0/ 0	4/ 2	33
41/ 4	16/12	2/ 6	14/14	41
88/ 5	6/ 4	3/12	3/ 2	88
328/20	50/10	9/ 9	41/10	109
254/13	12/ 5	3/ 8	9/ 5	127
103/ 6	21/ 8	0/ 0	21/ 9	52
137/ 8	52/20	16/25	36/19	137
520/56	41/61	6/50	35/64	104

Zusammenstellung der errechneten Indexziffern:

I Dissimilaritätsindizes

1) statistische Bezirke (Bevölkerungsdichte):

Hanau 1975: 20,5	Bad Homburg 1976: 19,0
Hanau 1994: 20,1	Bad Homburg 1994: 16,7

2) Wohnhochhausstandorte (Behausungsdichte):

Hanau 1984: 16,7	Bad Homburg 1984: 9,9
Hanau 1984: 19,6	Bad Homburg 1984: 10,4

II Segregationsindizes

1) statistische Bezirke (Mesoebene)

Ausländer gesamt:

Hanau 1975; 25,9	Bad Homburg 1976; 33,3
Hanau 1994; 34,7	Bad Homburg 1994; 22,1

Türken;

Hanau 1994: 42,0	Bad Homburg 1994: 38,0

übrige Ausländer:

Hanau 1994: 20,7	Bad Homburg 1994: 19,5

2) Wohnhochhausstandorte (Mikroebene)

a) Intraethnische Indizes 1994

Gesamtbevölkerung:

Hanau: 40,4 | Bad Homburg: 32,4

Ausländer gesamt:

Hanau: 40,3 | Bad Homburg: 41,2

Türken:

Hanau: 49,3 | Bad Homburg; 35,5

übrige Ausländer:

Hanau: 47,6 | Bad Homburg: 41,3

b) Interethnische Indizes

Ausländer gesamt:

HU 1984/94: 57,4 / 44,8
(aggreg.): 46,9 / 39,1

HG 1984/94; 39,6 / 36,0
(aggreg.): 29,8 / 26,8

Türken

HU 1984/94: 70,7 / 58,3	HG 1984/94: 60,7 / 51,8
(aggreg.): 62,3 / 43,9	(aggreg.): 49,2 / 43,9

übrige Ausländer

HU 1984/94: 38,9 / 32,4	HG 1984/94: 35,4 / 31,9
(aggreg.): 28,0 / 22,2	(aggreg.): 22,8 / 22,8